CB073159

Viagem

CECÍLIA MEIRELES

Viagem

CECÍLIA MEIRELES

Apresentação
Alfredo Bosi

Coordenação Editorial
André Seffrin

global
editora

© Condomínio dos Proprietários dos Direitos Intelectuais de Cecília Meireles
Direitos cedidos por Solombra – Agência Literária (solombra@solombra.org)
2ª Edição, Global Editora, São Paulo 2012
1ª Reimpressão, 2021

Jefferson L. Alves – diretor editorial
Gustavo Henrique Tuna – editor assistente
André Seffrin – coordenação editorial, estabelecimento de texto, cronologia e bibliografia
Flávio Samuel – gerente de produção
Tatiana F. Souza – assistente editorial
Tatiana Y. Tanaka – revisão
"Cuando navega la melancolia" (1933), desenho de Cecília Meireles – ilustração da capa
Eduardo Okuno – capa e projeto gráfico

As imagens presentes neste volume pertencem ao acervo pessoal de Cecília Meireles.
Todas as iniciativas foram tomadas no sentido de estabelecer-se as suas autorias, o que não foi possível em todos os casos. Caso os autores se manifestem, a editora dispõe-se a creditá-los.

A Global Editora agradece à Solombra – Agência Literária pela gentil cessão dos direitos de imagem de Cecília Meireles.

Obra atualizada conforme o
NOVO ACORDO ORTOGRÁFICO DA LÍNGUA PORTUGUESA

CIP BRASIL. Catalogação na fonte
Sindicato Nacional dos Editores de Livros, RJ

M453v

Meireles, Cecília, 1901-1964
    Viagem / Cecília Meireles ; apresentação Alfredo Bosi – [2.ed.]. – São Paulo : Global, 2012.

    ISBN 978-85-260-1706-1

    1. Poesia brasileira. II. Título.

12-2545.   CDD: 869.91
                                        CDU: 821.134.3(81)-1

19.04.12 27.04.12   034904

global editora
Direitos Reservados

global editora e distribuidora ltda.
Rua Pirapitingui, 111 — Liberdade
CEP 01508-020 — São Paulo — SP
Tel.: (11) 3277-7999
e-mail: global@globaleditora.com.br

- globaleditora.com.br
- /globaleditora
- blog.globaleditora.com.br
- /globaleditora
- /globaleditora
- /globaleditora
- /globaleditora

Colabore com a produção científica e cultural.
Proibida a reprodução total ou parcial desta obra sem a autorização do editor.

Nº de Catálogo: **3412**

Acervo pessoal de Cecília Meireles

Sumário

A poesia da viajante – *Alfredo Bosi* 11

Epigrama nº 1 19
Motivo 20
Noite 21
Anunciação 22
Discurso 23
Excursão 24
Retrato 26
Música 27
Epigrama nº 2 29
Serenata 30
A última cantiga 31
Conveniência 33
Canção 34
Perspectiva 35
Canção 36
Solidão 37
Aceitação 38
Epigrama nº 3 39
Murmúrio 40

Canção	41
Gargalhada	42
Fim	44
Criança	45
Desamparo	46
Fio	47
Inverno	48
Epigrama nº 4	50
Orfandade	51
Alva	52
Cantiguinha	53
Terra	54
Êxtase	56
Som	57
Guitarra	58
Distância	59
Epigrama nº 5	60
Campo	61
Rimance	62
Renúncia	64
Pausa	65
Vinho	66
Valsa	67
Grilo	68
Descrição	69
Epigrama nº 6	70
Atitude	71
Corpo no mar	72
Luar	73
Diálogo	74

Estrela	75
Desventura	77
Noturno	78
Noções	79
Epigrama nº 7	80
Realejo	81
Fadiga	83
Horóscopo	85
Ressurreição	86
Serenata	87
Praia	88
Sereia	89
Encontro	90
Epigrama nº 8	92
Cantiga	93
Cavalgada	94
Medida da significação	95
Grilo	99
Acontecimento	100
Epigrama nº 9	101
Província	102
Cantar	104
Destino	105
Quadras	107
Noturno	109
Origem	110
Feitiçaria	111
Marcha	112
Epigrama nº 10	114
Onda	115

Herança...116
História 117
Assovio...119
Personagem 120
Estirpe...122
Tentativa 124
Cantiga..125
Epigrama nº 11...126
Passeio..127
Cantiga..128
A menina enferma..129
Desenho 132
Timidez...134
Taverna...135
Pergunta..136
Epigrama nº 12...138
Vento 139
Miséria 140
Metamorfose 142
Despedida...144
Epigrama nº 13...145

Cronologia..155
Bibliografia básica sobre Cecília Meireles 163
Índice de primeiros versos 171

A poesia da viajante

Na poesia de Cecília Meireles o ato de viajar é mais do que um tema literário. É uma dimensão vital, um modo de existir do corpo e da alma.

A leitura integral da sua obra poética revela tanto a permanência da figura da viajante quanto as diferenças internas do seu significado. *Viagem* pode ser considerada sua primeira expressão cabal de originalidade como criadora de poesia. As obras anteriores ainda traziam muito do vocabulário e dos tons neossimbolistas brasileiros e portugueses que enformaram a poética do grupo de *Festa* e de tantos poemas de Antônio Nobre e de Camilo Pessanha. Poemas de outono e de sol poente vividos em atmosferas de melancolia. Mas em *Viagem* a dicção de Cecília ganha forma pessoal, inconfundível, e que seria constante ao longo do seu itinerário.

O título do livro não é aleatório. Mas de que viagem se trata?

Para responder à pergunta o melhor caminho é rastrear o imaginário que habita as rotas percorridas pela viajante. São imagens múltiplas, à primeira vista difíceis de serem reduzidas a uma unidade semântica. No entanto, aflora em quase todas um estado de alma que se poderia nomear em termos de sentimento de distância. Reconhecemos um intervalo não raro pungente entre o *eu* lírico e as paisagens pelas quais viaja a livre fantasia de Cecília Meireles. Os vários aspectos da Natureza contemplados parecem dissolver-se em lonjuras sem margens. A imaginação desrealiza seus objetos (esse é seu trabalho peculiar, na visão de Sartre), esvazia-os de sua presença física, torna-os sombras, reflexos errantes, algo que confina com o nada.

Mas o que o intelecto abstrato chama de puro nada será, na voz do poeta, a matéria mesma da sua figuração do universo. Que o leitor se afine com o sentimento que anima as imagens do poema "Noite". A terra tem gosto úmido, a pedra lavada tem cheiro, porém o flanco da serra, feito dessa mesma terra e dessa mesma pedra, dilui-se em sombra, "nua e fria, sem mais nada". E o tempo, onde tudo se muda, é, ele próprio, um "tempo inseguro do tempo".

Noite

Úmido gosto de terra,

cheiro de pedra lavada,

– tempo inseguro do tempo! –

sombra do flanco da serra,

nua e fria, sem mais nada.[1]

O pensamento é música que não deixa a vida aquietar-se. O mesmo se diga da memória, "conservação do espírito pelo

---

1 "Noite", em *Viagem*. In: MEIRELES, Cecília. *Poesia completa*. Org. Antonio Carlos Secchin. Rio de Janeiro: Nova Fronteira, 2001. v. I, p. 228.

espírito", na palavra enérgica de Hegel: recordação que revolve sem cessar as águas do passado e impede que este vire sólido sedimento.

Do poema "Anunciação" escolho estes dísticos reveladores, cujo fecho dialético se abre para um futuro promissor:

> Cessará essa música de sombra, que apenas indica valores
> [de ar.
> Não haverá mais nossa vida, talvez não haja nem o pó que
> [fomos.
>
> E a memória de tudo desmanchará suas dunas desertas,
> e em navios novos homens eternos navegarão.[2]

A lógica da convenção estranharia o contraste. O fim de toda vida coexiste com a eternidade dos "novos homens"? Mas, bem pensada, a contradição é aparente. O pensamento poético, enquanto viaja pela multiplicidade do real, tem o poder de alhear-se, criando distâncias que, no plano da imaginação, tudo dissolvem. Mas com igual desenvoltura pode o *eu* mover-se fraternalmente na direção das forças da Natureza:

> E aqui estou, cantando.
>
> Um poeta é sempre irmão do vento e da água:
> deixa seu ritmo por onde passa.[3]

---
2 "Anunciação", em *Viagem*. Ibid., p. 229.
3 "Discurso", em *Viagem*. Ibid., loc. cit.

A viajante colhe o *sim* e o *não* de todas as coisas, a vida e a morte que ora se mostram, ora se escondem em todas as estradas. Nas linhas acima, o canto viaja ao encalço do encontro. Nas que seguem, porém, dá-se o desencontro final:

> – itinerários antigos,
>
> que nem Deus nunca mais leva.
>
> Silêncio grande e sozinho,
>
> todo amassado com treva,
>
> onde os nossos olhos giram
>
> quando o ar da morte se eleva.[4]

Esse o espírito, essa a letra de *Viagem*. A viajante contemplará, ao longo de sua vida, outras paisagens, mais enraizadas no espaço e no tempo. Verá a Itália, a Índia, a Holanda e a nossa Ouro Preto, evocada belamente no *Romanceiro da Inconfidência*.

Que este livro de rotas imaginárias sirva para inspirar o encantamento pela poesia viageira de Cecília Meireles.

Alfredo Bosi

---

4 "Excursão", em *Viagem*. Ibid., p. 231.

Viagem

A meus amigos portugueses.

Epigrama nº 1

Pousa sobre esses espetáculos infatigáveis
uma sonora ou silenciosa canção:
flor do espírito, desinteressada e efêmera.

Por ela, os homens te conhecerão:
por ela, os tempos versáteis saberão
que o mundo ficou mais belo, ainda que
                                [inutilmente,
quando por ele andou teu coração.

Motivo

Eu canto porque o instante existe
e a minha vida está completa.
Não sou alegre nem sou triste:
sou poeta.

Irmão das coisas fugidias,
não sinto gozo nem tormento.
Atravesso noites e dias
no vento.

Se desmorono ou se edifico,
se permaneço ou me desfaço,
– não sei, não sei. Não sei se fico
ou passo.

Sei que canto. E a canção é tudo.
Tem sangue eterno a asa ritmada.
E um dia sei que estarei mudo:
– mais nada.

Noite

Úmido gosto de terra,
cheiro de pedra lavada,
– tempo inseguro do tempo! –
sombra do flanco da serra,
nua e fria, sem mais nada.

Brilho de areias pisadas,
sabor de folhas mordidas,
– lábio da voz sem ventura! –
suspiro das madrugadas
sem coisas acontecidas.

A noite abria a frescura
dos campos todos molhados,
– sozinha, com o seu perfume! –
preparando a flor mais pura
com ares de todos os lados.

Bem que a vida estava quieta.
Mas passava o pensamento...
– de onde vinha aquela música?
E era uma nuvem repleta,
entre as estrelas e o vento.

Anunciação

Toca essa música de seda, frouxa e trêmula,
que apenas embala a noite e balança as estrelas
[noutro mar.

Do fundo da escuridão nascem vagos navios
[de ouro,
com as mãos de esquecidos corpos quase
[desmanchados no vento.

E o vento bate nas cordas, e estremecem as
[velas opacas,
e a água derrete um brilho fino, que em si
[mesmo logo se perde.

Toca essa música de seda, entre areias e nuvens
[e espumas.

Os remos pararão no meio da onda, entre os
[peixes suspensos;
e as cordas partidas andarão pelos ares dançando
[à toa.

Cessará essa música de sombra, que apenas
[indica valores de ar.
Não haverá mais nossa vida, talvez não haja
[nem o pó que fomos.

E a memória de tudo desmanchará suas dunas
[desertas,
e em navios novos homens eternos navegarão.

Discurso

E aqui estou, cantando.

Um poeta é sempre irmão do vento e da água:
deixa seu ritmo por onde passa.

Venho de longe e vou para longe:
mas procurei pelo chão os sinais do meu caminho
e não vi nada, porque as ervas cresceram e as
[serpentes andaram.

Também procurei no céu a indicação de uma
[trajetória,
mas houve sempre muitas nuvens.
E suicidaram-se os operários de Babel.

Pois aqui estou, cantando.

Se eu nem sei onde estou,
como posso esperar que algum ouvido me escute?

Ah! se eu nem sei quem sou,
como posso esperar que venha alguém gostar
[de mim?

Excursão

Estou vendo aquele caminho
cheiroso da madrugada:
pelos muros, escorriam
flores moles da orvalhada;
na cor do céu, muito fina,
via-se a noite acabada.

Estou sentindo aqueles passos
rente dos meus e do muro.

As palavras que escutava
eram pássaros no escuro...
Pássaros de voz tão clara,
voz de desenho tão puro!

Estou pensando na folhagem
que a chuva deixou polida:
nas pedras, ainda marcadas
de uma sombra umedecida...
Estou pensando o que pensava
nesse tempo a minha vida.

Estou diante daquela porta
que não sei mais se ainda existe...
Estou longe e fora das horas,
sem saber em que consiste
nem o que vai nem o que volta...
sem estar alegre nem triste,

sem desejar mais palavras
nem mais sonhos, nem mais vultos,

olhando dentro das almas
os longos rumos ocultos,
os largos itinerários
de fantasmas insepultos...

– itinerários antigos,
que nem Deus nunca mais leva.
Silêncio grande e sozinho,
todo amassado com treva,
onde os nossos olhos giram
quando o ar da morte se eleva.

Retrato

Eu não tinha este rosto de hoje,
assim calmo, assim triste, assim magro,
nem estes olhos tão vazios,
nem o lábio amargo.

Eu não tinha estas mãos sem força,
tão paradas e frias e mortas;
eu não tinha este coração
que nem se mostra.

Eu não dei por esta mudança,
tão simples, tão certa, tão fácil:
– Em que espelho ficou perdida
a minha face?

Música

Noite perdida,
não te lamento:
embarco a vida

no pensamento,
busco a alvorada
do sonho isento,

puro e sem nada,
– rosa encarnada,
intacta, ao vento.

Noite perdida,
noite encontrada,
morta, vivida,

e ressuscitada...
(Asa da lua
quase parada,

mostra-me a sua
sombra escondida,
que continua

a minha vida
num chão profundo!
– raiz prendida

a um outro mundo.)
Rosa encarnada
do sonho isento,

muda alvorada
que o pensamento
deixa confiada

ao tempo lento...
Minha partida,
minha chegada,

é tudo vento...

Ai da alvorada!
Noite perdida,
noite encontrada...

Epigrama nº 2

És precária e veloz, Felicidade.
Custas a vir, e, quando vens, não te demoras.
Foste tu que ensinaste aos homens que havia
[tempo,
e, para te medir, se inventaram as horas.

Felicidade, és coisa estranha e dolorosa.
Fizeste para sempre a vida ficar triste:
porque um dia se vê que as horas todas passam,
e um tempo, despovoado e profundo, persiste.

Serenata

Repara na canção tardia
que nitidamente se eleva,
num arrulho de fonte fria.

O orvalho treme sobre a treva
e o sonho da noite procura
a voz que o vento abraça e leva.

Repara na canção tardia
que oferece a um mundo desfeito
sua flor de melancolia.

É tão triste, mas tão perfeito,
o movimento em que murmura,
como o do coração no peito.

Repara na canção tardia
que por sobre o teu nome, apenas,
desenha a sua melodia.

E nessas letras tão pequenas
o universo inteiro perdura.
E o tempo suspira na altura

por eternidades serenas.

A última cantiga

Num dia que não se adivinha,
meus olhos assim estarão:
e há de dizer-se: "Era a expressão
que ela ultimamente tinha".

Sem que se mova a minha mão
nem se incline a minha cabeça
nem a minha boca estremeça,
– toda serei recordação.

Meus pensamentos sem tristeza
de novo se debruçarão
entre o acabado coração
e o horizonte da língua presa.

Tu, que foste a minha paixão,
virás a mim, pelo meu gosto,
e de muito além do meu rosto
meus olhos te percorrerão.

Nem por distante ou distraído
escaparás à invocação
que, de amor e de mansidão,
te eleva o meu sonho perdido.

Mas não verás tua existência
nesse mundo sem sol nem chão,
por onde se derramarão
os mares da minha incoerência.

Ainda que sendo tarde e em vão,
perguntarei por que motivo

tudo quanto eu quis de mais vivo
tinha por cima escrito: "Não".

E ondas seguidas de saudade,
sempre na tua direção,
caminharão, caminharão,
sem nenhuma finalidade.

Conveniência

Convém que o sonho tenha margens de nuvens
[rápidas
e os pássaros não se expliquem, e os velhos
[andem pelo sol,
e os amantes chorem, beijando-se, por algum
[infanticídio.

Convém tudo isso, e muito mais, e muito mais...
E por esse motivo aqui vou, como os papéis
[abertos
que caem das janelas dos sobrados, tontamente...

Depois das ruas, e dos trens, e dos navios,
encontrarei casualmente a sala que afinal
[buscava,
e o meu retrato, na parede, olhará para os olhos
[que levo.

E encolherei meu corpo nalguma cama dura e
[fria.
(Os grilos da infância estarão cantando dentro
[da erva...)
E eu pensarei: "Que bom! nem é preciso
[respirar!..."

Canção

Pus o meu sonho num navio
e o navio em cima do mar;
– depois, abri o mar com as mãos,
para o meu sonho naufragar.

Minhas mãos ainda estão molhadas
do azul das ondas entreabertas,
e a cor que escorre dos meus dedos
colore as areias desertas.

O vento vem vindo de longe,
a noite se curva de frio;
debaixo da água vai morrendo
meu sonho, dentro de um navio...

Chorarei quanto for preciso,
para fazer com que o mar cresça,
e o meu navio chegue ao fundo
e o meu sonho desapareça.

Depois, tudo estará perfeito:
praia lisa, águas ordenadas,
meus olhos secos como pedras
e as minhas duas mãos quebradas.

Perspectiva

Tua passagem se fez por distâncias antigas.
O silêncio dos desertos pesava-lhe nas asas
e, juntamente com ele, o volume das montanhas
                                               [e do mar.

Tua velocidade desloca mundos e almas.
Por isso, quando passaste, caiu sobre mim tua
                                               [violência
e desde então alguma coisa se aboliu.

Guardo uma sensação de drama sombrio, com
                            [vozes de ondas lamentando-me.
E a multidão das estrelas avermelhadas fugindo
                            [com o céu para longe de mim.

Os dias que vêm são feitos de vento plácido e
                                         [apagam tudo.
Dispersam a sombra dos gestos sobre os cenários.
Levam dos lábios cada palavra que desponta.
Gastam o contorno da minha síntese.
Acumulam ausência em minha vida...

Oh! um pouco de neve matando, docemente,
                                         [folha a folha...

Mas a seiva lá dentro continua, sufocada,
nutrindo de sonho a morte.

Canção

Nunca eu tivera querido
dizer palavra tão louca:
bateu-me o vento na boca,
e depois no teu ouvido.

Levou somente a palavra,
deixou ficar o sentido.

O sentido está guardado
no rosto com que te miro,
neste perdido suspiro
que te segue alucinado,
no meu sorriso suspenso
como um beijo malogrado.

Nunca ninguém viu ninguém
que o amor pusesse tão triste.
Essa tristeza não viste,
e eu sei que ela se vê bem...
Só se aquele mesmo vento
fechou teus olhos, também...

Solidão

Imensas noites de inverno,
com frias montanhas mudas,
e o mar negro, mais eterno,
mais terrível, mais profundo.

Este rugido das águas
é uma tristeza sem forma:
sobe rochas, desce fráguas,
vem para o mundo, e retorna...

E a névoa desmancha os astros,
e o vento gira as areias:
nem pelo chão ficam rastros
nem, pelo silêncio, estrelas.

A noite fecha seus lábios
– terra e céu – guardado nome.
E os seus longos sonhos sábios
geram a vida dos homens.

Geram os olhos incertos,
por onde descem os rios
que andam nos campos abertos
da claridade do dia.

Aceitação

É mais fácil pousar o ouvido nas nuvens
e sentir passar as estrelas
do que prendê-lo à terra e alcançar o rumor dos
[teus passos.

É mais fácil, também, debruçar os olhos no
[oceano
e assistir, lá no fundo, ao nascimento mudo das
[formas,
que desejar que apareças, criando com teu
[simples gesto
o sinal de uma eterna esperança.

Não me interessam mais nem as estrelas, nem
[as formas do mar,
nem tu.

Desenrolei de dentro do tempo a minha canção:
não tenho inveja às cigarras: também vou morrer
[de cantar.

Epigrama nº 3

Mutilados jardins e primaveras abolidas
abriram seus miraculosos ramos
no cristal em que pousa a minha mão.

(Prodigioso perfume!)

Recompuseram-se tempos, formas, cores, vidas...

Ah! mundo vegetal, nós, humanos, choramos
só da incerteza da ressurreição.

Murmúrio

Traze-me um pouco das sombras serenas
que as nuvens transportam por cima do dia!
Um pouco de sombra, apenas,
– vê que nem te peço alegria.

Traze-me um pouco da alvura dos luares
que a noite sustenta no seu coração!
A alvura, apenas, dos ares:
– vê que nem te peço ilusão.

Traze-me um pouco da tua lembrança,
aroma perdido, saudade da flor!
– Vê que nem te digo – esperança!
– Vê que nem sequer sonho – amor!

Canção

No desequilíbrio dos mares,
as proas giraram sozinhas...
Numa das naves que afundaram
é que tu certamente vinhas.

Eu te esperei todos os séculos,
sem desespero e sem desgosto,
e morri de infinitas mortes
guardando sempre o mesmo rosto.

Quando as ondas te carregaram,
meus olhos, entre águas e areias,
cegaram como os das estátuas,
a tudo quanto existe alheias.

Minhas mãos pararam sobre o ar
e endureceram junto ao vento,
e perderam a cor que tinham
e a lembrança do movimento.

E o sorriso que eu te levava
desprendeu-se e caiu de mim:
e só talvez ele ainda viva
dentro dessas águas sem fim.

Gargalhada

Homem vulgar! Homem de coração
                [mesquinho!
Eu te quero ensinar a arte sublime de rir.
Dobra essa orelha grosseira, e escuta
o ritmo e o som da minha gargalhada:

Ah! Ah! Ah! Ah!
Ah! Ah! Ah! Ah!

Não vês?
É preciso jogar por escadas de mármore
                [baixelas de ouro.
Rebentar colares, partir espelhos, quebrar
                [cristais,
vergar a lâmina das espadas e despedaçar
                [estátuas,
destruir as lâmpadas, abater cúpulas,
e atirar para longe os pandeiros e as liras...

O riso magnífico é um trecho dessa música
                [desvairada.

Mas é preciso ter baixelas de ouro,
compreendes?
– e colares, e espelhos, e espadas e estátuas.
E as lâmpadas, Deus do céu!
E os pandeiros ágeis e as liras sonoras e
                [trêmulas...

Escuta bem:

Ah! Ah! Ah! Ah!
Ah! Ah! Ah! Ah!

Só de três lugares nasceu até hoje esta música
                                                          [heroica:
do céu que venta,
do mar que dança,
e de mim.

Fim

Ó tempos de incerta esperança
que assim vos desacreditastes!
Cresceram nuvens sobre a lua
e o vento passou pelas hastes.

Vinde ver meu jardim sem flores
no presente nem no futuro,
e a mão das águas procurando
um rumo pelo solo escuro!

Vinde ouvir a história da vida
no sopro da noite deserta.
Caíram as sombras das vozes
dentro da última estrela aberta.

Ai! tudo isto é a letra do horóscopo...
E só tu, Estátua, resistes!
– Mas, embora nunca te quebres,
terás sempre os olhos mais tristes.

Criança

Cabecinha boa de menino triste,
de menino triste que sofre sozinho,
que sozinho sofre, – e resiste.

Cabecinha boa de menino ausente,
que de sofrer tanto se fez pensativo,
e não sabe mais o que sente...

Cabecinha boa de menino mudo
que não teve nada, que não pediu nada,
pelo medo de perder tudo.

Cabecinha boa de menino santo
que do alto se inclina sobre a água do mundo
para mirar seu desencanto.

Para ver passar numa onda lenta e fria
a estrela perdida da felicidade
que soube que não possuiria.

Desamparo

Digo-te que podes ficar de olhos fechados sobre o
[meu peito,
porque uma ondulação maternal de onda eterna
te levará na exata direção do mundo humano.

Mas no equilíbrio do silêncio,
no tempo sem cor e sem número,
pergunta a mim mesmo o lábio do meu
[pensamento:

quem é que me leva a mim,
que peito nutre a duração desta presença,
que música embala a minha música que te embala,
a que oceano se prende e desprende
a onda da minha vida, em que estás como rosa ou
[barco...?

Fio

No fio da respiração,
rola a minha vida monótona,
rola o peso do meu coração.

Tu não vês o jogo perdendo-se
como as palavras de uma canção.

Passas longe, entre nuvens rápidas,
com tantas estrelas na mão...

– Para que serve o fio trêmulo
em que rola o meu coração?

Inverno

Choveu tanto sobre o teu peito
que as flores não podem estar vivas
e os passos perderam a força
de buscar estradas antigas.

Em muita noite houve esperanças
abrindo as asas sobre as ondas.
Mas o vento era tão terrível!
Mas as águas eram tão longas!

Pode ser que o sol se levante
sobre as tuas mãos sem vontade
e encontres as coisas perdidas
na sombra em que as abandonaste.

Mas quem virá com as mãos brilhantes
trazendo o seu beijo e o teu nome,
para que saibas que és tu mesmo,
e reconheças o teu sonho?

A primavera foi tão clara
que se viram novas estrelas,
e soaram no cristal dos mares,
lábios azuis de outras sereias.

Vieram, por ti, músicas límpidas,
trançando sons de ouro e de seda.
Mas teus ouvidos noutro mundo
desalteravam sua sede.

Cresceram prados ondulantes
e o céu desenhou novos sonhos,
e houve muitas alegorias
navegando entre Deus e os homens.

Mas tu estavas de olhos fechados
prendendo o tempo em teu sorriso.
E em tua vida a primavera
não pôde achar nenhum motivo...

Epigrama nº 4

O choro vem perto dos olhos
para que a dor transborde e caia.
O choro vem quase chorando
como a onda que toca na praia.

Descem dos céus ordens augustas
e o mar chama a onda para o centro.
O choro foge sem vestígios,
mas levando náufragos dentro.

Orfandade

A menina de preto ficou morando atrás do tempo,
sentada no banco, debaixo da árvore,
recebendo todo o céu nos grandes olhos admirados.

Alguém passou de manso, com grandes nuvens no
[vestido,
e parou diante dela, e ela, sem que ninguém falasse,
murmurou: "A MAMÃE MORREU".

Já ninguém passa mais, e ela não fala mais, também.
O olhar caiu dos seus olhos, e está no chão, com as
[outras pedras,
escutando na terra aquele dia que não dorme
com as três palavras que ficaram por ali.

Alva

Deixei meus olhos sozinhos
nos degraus da sua porta.
Minha boca anda cantando,
mas todo o mundo está vendo
que a minha vida está morta.

Seu rosto nasceu das ondas
e em sua boca há uma estrela.
Minha mão viveu mil vidas
para uma noite encontrá-la
e noutra noite perdê-la.

Caminhei tantos caminhos,
tanto tempo e não sabia
como era fácil a morte
pela seta do silêncio
no sangue de uma alegria.

Seus olhos andam cobertos
de cores da primavera.
Pelos muros de seu peito,
durante inúteis vigílias,
desenhei meus sonhos de hera.

Desenho, apenas, do tempo,
cada dia mais profundo,
roteiro do pensamento,
saudade das esperanças
quando se acabar o mundo...

Cantiguinha

Meus olhos eram mesmo água,
– te juro –
mexendo um brilho vidrado,
verde-claro, verde-escuro.

Fiz barquinhos de brinquedo,
– te juro –
fui botando todos eles
naquele rio tão puro.

....

Veio vindo a ventania,
– te juro –
as águas mudam seu brilho,
quando o tempo anda inseguro.

Quando as águas escurecem,
– te juro –
todos os barcos se perdem,
entre o passado e o futuro.

São dois rios os meus olhos,
– te juro –
noite e dia correm, correm,
mas não acho o que procuro.

Terra

Deusa dos olhos volúveis
pousada na mão das ondas:
em teu colo de penumbras,
abri meus olhos atônitos.
Surgi do meio dos túmulos,
para aprender o meu nome.

Mamei teus peitos de pedra
constelados de prenúncios.

Enredei-me por florestas,
entre cânticos e musgos.
Soltei meus olhos no elétrico
mar azul, cheio de músicas.

Desci na sombra das ruas,
como pelas tuas veias:
meu passo – a noite nos muros –
casas fechadas – palmeiras –
cheiro de chácaras úmidas –
sono da existência efêmera.

O vento das praias largas
mergulhou no teu perfume
a cinza das minhas mágoas.
E tudo caiu de súbito,
junto com o corpo dos náufragos,
para os invisíveis mundos.

Vi tantos rostos ocultos
de tantas figuras pálidas!
Por longas noites inúmeras,
em minha assombrada cara

houve grandes rios mudos
como os desenhos dos mapas.

Tinha os pés sobre flores,
e as mãos presas, de tão puras.
Em vão, suspiros e fomes
cruzavam teus olhos múltiplos,
despedaçando-se anônimos,
diante da tua altitude.

Fui mudando minha angústia
numa força heroica de asa.
Para construir cada músculo,
houve universos de lágrimas.
Devo-te o modelo justo:
sonho, dor, vitória e graça.

No rio dos teus encantos,
banhei minhas amarguras.
Purifiquei meus enganos,
minhas paixões, minhas dúvidas.
Despi-me do meu desânimo –
fui como ninguém foi nunca.

Deusa dos olhos volúveis,
rosto de espelho tão frágil,
coração de tempo fundo,
– por dentro das tuas máscaras,
meus olhos, sérios e lúcidos,
viram a beleza amarga.

E esse foi o meu estudo
para o ofício de ter alma;
para entender os soluços,
depois que a vida se cala.
– Quando o que era muito é único
e, por ser único, é tácito.

Êxtase

Deixa-te estar embalado no mar noturno
onde se apaga e acende a salvação.

Deixa-te estar na exalação do sonho sem forma:
em redor do horizonte, vigiam meus braços
[abertos,
e por cima do céu estão pregados meus olhos,
[guardando-te.

Deixa-te balançar entre a vida e a morte, sem
[nenhuma saudade.
Deslizam os planetas, na abundância do tempo
[que cai.
Nós somos um tênue pólen dos mundos...

Deixa-te estar neste embalo de água gerando
[círculos.

Nem é preciso dormir, para a imaginação
[desmanchar-se em figuras ambíguas.

Nem é preciso fazer nada, para se estar na alma
[de tudo.

Nem é preciso querer mais, que vem de nós um
[beijo eterno
e afoga a boca da vontade e os seus pedidos...

Som

Alma divina,
por onde me andas?
Noite sozinha,
lágrimas, tantas!

Que sopro imenso,
alma divina,
em esquecimento
desmancha a vida!

Deixa-me ainda
pensar que voltas,
alma divina,
coisa remota!

Tudo era tudo
quando eras minha,
e eu era tua,
alma divina!

Guitarra

Punhal de prata já eras,
punhal de prata!
Nem foste tu que fizeste
a minha mão insensata.

Vi-te brilhar entre as pedras,
punhal de prata!
– no cabo, flores abertas,
no gume, a medida exata,

a exata, a medida certa,
punhal de prata,
para atravessar-me o peito
com uma letra e uma data.

A maior pena que eu tenho,
punhal de prata,
não é de me ver morrendo,
mas de saber quem me mata.

Distância

Quando o sol ia acabando
e as águas mal se moviam,
tudo que era meu chorava
da mesma melancolia.
Outras lágrimas nasceram
com o nascimento do dia:
só de noite esteve seco
meu rosto sem alegria.
(Talvez o sol que acabara
e as águas que se perdiam
transportassem minha sombra
para a sua companhia...)
Oh!
mas nem no sol nem nas águas
os teus olhos a veriam...
– que andam longe, irmãos da lua,
muito clara e muito fria...

Epigrama nº 5

Gosto da gota d'água que se equilibra
na folha rasa, tremendo ao vento.

Todo o universo, no oceano do ar, secreto vibra:
e ela resiste, no isolamento.

Seu cristal simples reprime a forma, no instante
                                          [incerto:
pronto a cair, pronto a ficar – límpido e exato.

E a folha é um pequeno deserto
para a imensidade do ato.

Campo

Campo da minha saudade:
vai crescendo, vai subindo,
de tanto jazer sem nada.

Desvelo mudo e contínuo
que vai revestindo os montes
e estendendo outros caminhos.

Mergulhada em suas frondes,
a tristeza é uma esperança
bebendo a vazia sombra.

Águas que vão caminhando
dispersam nos mares fundos
mel de beijo e sal de pranto.

Levam tudo, levam tudo
agasalhado em seus braços.

Campo imenso – com o meu vulto...

E ao longe cantam os pássaros.

Rimance

Onde é que dói na minha vida,
para que eu me sinta tão mal?
quem foi que me deixou ferida
de ferimento tão mortal?

Eu parei diante da paisagem:
e levava uma flor na mão.
Eu parei diante da paisagem
procurando um nome de imagem
para dar à minha canção.

Nunca existiu sonho tão puro
como o da minha timidez.
Nunca existiu sonho tão puro,
nem também destino tão duro
como o que para mim se fez.

Estou caída num vale aberto,
entre serras que não têm fim.
Estou caída num vale aberto:
nunca ninguém passará perto,
nem terá notícias de mim.

Eu sinto que não tarda a morte,
e só há por mim esta flor;
eu sinto que não tarda a morte
e não sei como é que suporte
tanta solidão sem pavor.

E sofro mais ouvindo um rio
que ao longe canta pelo chão,
que deve ser límpido e frio,
mas sem dó nem recordação,
como a voz cujo murmúrio
morrerá com o meu coração...

Renúncia

Rama das minhas árvores mais altas,
deixa ir a flor! que o tempo, ao desprendê-la,
roda-a no molde de noites e de albas
onde gira e suspira cada estrela.

Deixa ir a flor! deixa-a ser asa, espaço,
ritmo, desenho, música absoluta,
dando e recuperando o corpo esparso
 que, indo e vindo, se observa, e ordena, e
[escuta...

Falo-te, por saber o que é perder-se.
Conheço o coração da primavera,
e o dom secreto do seu sangue verde,
que num breve perfume existe e espera.

Verti para infinitos desamparos
tudo que tive no meu pensamento.
Era a flor dos instantes mais amargos.
Por onde anda? No abismo. Dada ao vento...

Pausa

Agora é como depois de um enterro.
Deixa-me neste leito, do tamanho do meu corpo,
junto à parede lisa, de onde brota um sono vazio.

A noite desmancha o pobre jogo das variedades.
Pousa a linha do horizonte entre as minhas pestanas,
e mergulha silêncio na última veia da esperança.

Deixa tocar esse grilo invisível
– mercúrio tremendo na palma da sombra –
deixa-o tocar a sua música, suficiente
para cortar todo arabesco da memória...

Vinho

A taça foi brilhante e rara,
mas o vinho de que bebi
com os meus olhos postos em ti,
era de total amargura.

Desde essa hora antiga e preclara,
insensivelmente desci,
e em meu pensamento senti
o desgosto de ser criatura.

Eu sou de essência etérea e clara:
no entanto, desde que te vi,
como que desapareci...
Rondo triste, à minha procura.

A taça foi brilhante e rara:
mas, com certeza enlouqueci.
E desse vinho que bebi
se originou minha loucura.

Valsa

Fez tanto luar que eu pensei nos teus olhos
[antigos
e nas tuas antigas palavras.
O vento trouxe de longe tantos lugares em que
[estivemos,
que tornei a viver contigo enquanto o vento
[passava.

Houve uma noite que cintilou sobre o teu rosto
e modelou tua voz entre as algas.
Eu moro, desde então, nas pedras frias que o
[céu protege
e estudo apenas o ar e as águas.

Coitado de quem pôs sua esperança
nas praias fora do mundo...
– Os ares fogem, viram-se as águas,
mesmo as pedras, com o tempo, mudam.

Grilo

Máquina de ouro a rodar na sombra,
serra de cristal a serrar estrelas...

Caem pedaços de sono, entre os silêncios,
em grandes flores, mornas e dóceis,
com o peso e a cor de vagas borboletas.

Rostos de espuma, nomes de cinza,
– a vida sobe nos caules da noite, pouco a pouco.

Máquina de ouro tremendo no ar de vidro frio,
cortando o broto das palavras rente à boca...

Desmanchando nos dedos arquiteturas que iam
[parando,
e livros de imagens que o vento compunha,
[ilogicamente.

Ah! que é dos ramos de estrelas finamente
[desprendidas,
pela sonora lâmina que estás vibrando sempre,
[sempre?

Que é das noites extensas, de ares mansos de
[alegrias,
sem ruas, sem habitantes, sem solidão, sem
[pensamento?

Que é das mãos esperando o amanhecer
[definitivo
e caídas também na torrente do tempo?

Descrição

Há uma água clara que cai sobre pedras escuras
e que, só pelo som, deixa ver como é fria.

Há uma noite por onde passam grandes estrelas
    [puras.
Há um pensamento esperando que se forme
    [uma alegria.

Há um gesto acorrentado e uma voz sem
    [coragem,
e um amor que não sabe onde é que anda
    [o seu dia.

E a água cai, refletindo estrelas, céu, folhagem...
Cai para sempre!

E duas mãos nela mergulham com tristeza,
deixando um esplendor sobre a sua passagem.

(Porque existe um esplendor e uma inútil beleza
nessas mãos que desenham dentro da água sua
    [viagem
para fora da natureza,

onde não chegará nunca esta água imprecisa,
que nasce e desliza, que nasce e desliza...)

Epigrama nº 6

Nestas pedras caiu, certa noite, uma lágrima.
O vento que a secou deve estar voando noutros
[países,
o luar que a estremeceu tem olhos brancos de
[cegueira,
– esteve sobre ela, mas não viu seu esplendor.

Só, com a morte do tempo, os pensamentos que
[a choraram
verão, junto ao universo, como foram infelizes,
que, uma lágrima foi, naquela noite a vida inteira,
– tudo quanto era *dar*, – a tudo que era *opor*.

Atitude

Minha esperança perdeu seu nome...
Fechei meu sonho, para chamá-la.
A tristeza transfigurou-me
como o luar que entra numa sala.

O último passo do destino
parará sem forma funesta,
e a noite oscilará como um dourado sino
derramando flores de festa.

Meus olhos estarão sobre espelhos, pensando
nos caminhos que existem dentro das coisas
                                 [transparentes.

E um campo de estrelas irá brotando
atrás das lembranças ardentes.

Corpo no mar

Água densa do sonho, quem navega?
Contra as auroras, contra as baías:
barca imóvel, estrela cega.

Bate o vento na vela e não a arqueia.
– Não foi por mim!
Partiram-se as cordas, rodaram os mastros,
os remos entraram por dentro da areia...

Os remos torceram-se, e trançaram raízes.
– Inútil forçá-los – alastram-se, fogem
na sombra secreta de eternos países...

Mudou-se a vela em nuvem clara!
Choraram meus olhos, minhas mãos correram...
– Alto e longe! – Não foi por mim...

E apenas para
um corpo na barca vazia,
à mercê das metamorfoses,
olhos vertendo melancolia...

O vento sopra no coração.

Adeus a todos os meridianos!
Deito-me como num caixão.

Ah! sobrevive o mar no meu ouvido...
"Marinheiro! Marinheiro!"

(Ilhas... Pássaros... Portos... – nesse ruído.
– O mar!... O mar!... O mar inteiro!...)

Mas é tempo perdido!

Luar

Face do muro tão plana,
com o sabugueiro florido.

O luar parece que abana
as ramagens na parede.

A noite toda é um zumbido
e um florir de vaga-lumes.

A boca morre de sede
junto à frescura dos galhos.

Andam nascendo os perfumes
na seda crespa dos cravos.

Brota o sono dos canteiros
como o cristal dos orvalhos.

Diálogo

Minhas palavras são a metade de um diálogo
[obscuro
continuando através de séculos impossíveis.

Agora compreendo o sentido e a ressonância
que também trazes de tão longe em tua voz.

Nossas perguntas e respostas se reconhecem
como os olhos dentro dos espelhos. Olhos que
[choraram.

Conversamos dos dois extremos da noite,
como de praias opostas. Mas com uma voz
[que não se importa...

E um mar de estrelas se balança entre o meu
[pensamento e o teu.
Mas um mar sem viagens.

Estrela

Quem viu aquele que se inclinou sobre palavras
[trêmulas,
de relevo partido e de contorno perturbado,
querendo achar lá dentro o rosto que dirige os
[sonhos,
para ver se era o seu que lhe tivessem arrancado?

Quem foi que o viu passar com seus ímãs
[insones,
buscando o polo que girava sempre no vento?
– Seus olhos iam nos pés, destruindo todas as
[raízes líricas,
e em suas mãos sangrava o pensamento.

E era o seu rosto, sim, que estava entre versos
[andróginos,
preso em círculos de ar, sobre um instante de
[festa!
Boca fechada sob flores venenosas,
e uma estrela de cinza na testa.

Bem que ele quis chamar pelo seu nome em voz
[muito alta,
– mas o desejo não foi além do seu pescoço.
E ficou diante de sua cabeça, estruturando-se
como o frio dentro de um poço.

E não pôde contar a ninguém seu fim quimérico.
A ninguém. Pois a língua que fora sua estava
[morta,

e ele era um prisioneiro entre paredes
                              [transparentes,
entre paredes transparentes, mas sem porta.

Disto ele soube. O que nunca entendeu, porém,
                              [e o que lhe amarra
o coração com ardentes cordas de desgosto
é aquela estrela de cinza – aquela estrela grande
                                    [e plácida –
derramando sombra em seu rosto.

Desventura

Tu és como o rosto das rosas:
diferente em cada pétala.

Onde estava o teu perfume? Ninguém soube.
Teu lábio sorriu para todos os ventos
e o mundo inteiro ficou feliz.

Eu, só eu, encontrei a gota de orvalho que te
                            [alimentava,
como um segredo que cai do sonho.

Depois, abri as mãos, – e perdeu-se.

Agora, creio que vou morrer.

Noturno

Volto a cabeça para a montanha
e abandono os pés para o mar.
– Coitado de quem está sozinho
e inventa sonhos com que sonhar!

Minhas tranças descem pela casa abaixo,
entram nas paredes, vão te procurar.
Envolvem teu corpo, beijam-te os ouvidos.
– Querido, querido, devias voltar.

Meus braços caminham pelas ruas quietas:
– caminho de rios, fluidez de luar... –
levam minhas mãos por todo o teu corpo:
– Querido, querido, devias voltar.

Partem os meus olhos, parte a minha boca.
Na noite deserta, ninguém vê passar,
pedaço a pedaço, minha vida inteira,
nem na tua casa me escutam chegar.

Meu quarto vazio só pensa que durmo...

Coitado de quem está sozinho
e assiste o seu próprio sonhar!

Noções

Entre mim e mim, há vastidões bastantes
para a navegação dos meus desejos afligidos.

Descem pela água minhas naves revestidas de
[espelhos.
Cada lâmina arrisca um olhar, e investiga o
[elemento que a atinge.

Mas, nesta aventura do sonho exposto à
[correnteza,
só recolho o gosto infinito das respostas que não
[se encontram.

Virei-me sobre a minha própria existência, e
[contemplei-a.
Minha virtude era esta errância por mares
[contraditórios,
e este abandono para além da felicidade e da
[beleza.

Oh! meu Deus, isto é a minha alma:
qualquer coisa que flutua sobre este corpo
[efêmero e precário,
como o vento largo do oceano sobre a areia
[passiva e inúmera...

Epigrama nº 7

A tua raça de aventura
quis ter a terra, o céu, o mar.

Na minha, há uma delícia obscura
em não querer, em não ganhar...

A tua raça quer partir,
guerrear, sofrer, vencer, voltar.

A minha, não quer ir nem vir.
A minha raça quer *passar*.

Realejo

Minha vida bela,
minha vida bela,
nada mais adianta
se não há janela
para a voz que canta...

Preparei um verso
com a melhor medida:
rosto do universo,
boca da minha vida.

Ah! mas nada adianta,
olhos de luar,
quando se planta
hera no mar,

nem quando se inventa
um colar sem fio,
ou se experimenta
abraçar um rio...

Alucinação
da cabeça tonta!

Tudo se desmonta
em cores e vento
e velocidade.
Tudo: coração,
olhos de luar,
noites de saudade.

Aprendi comigo.
Por isso, te digo,
minha vida bela,
nada mais adianta,
se não há janela
para a voz que canta...

Fadiga

Estou cansada, tão cansada,
estou tão cansada! Que fiz eu?
Estive embalando, noite e dia,
um coração que não dormia
desde que o seu amor morreu.

Eu lhe dizia: "Deixa a morte
levar teu amor! Não faz mal.
É mais belo esse heroísmo triste
de amar uma coisa que existe
só para morrer, afinal!..."

"Deixa a morte... Não chores... dorme!"
Noite e dia eu cantava assim.
Mas o coração não falava:
chorava baixinho, chorava,
mesmo como dentro de mim.

Era um coração de incertezas,
feito para não ser feliz;
querendo sempre mais que a vida
– sem termo, limite, medida,
como poucas vezes se quis.

O tempo era ríspido e amargo.
Vinha um negro vento do mar.
Tudo gritava, noite e dia,
– e nunca ninguém ouviria
aquele coração chorar.

Uma noite, dentro da sombra,
dentro do choro, a sua voz
disse uma coisa inesperada,
que logo correu, derramada
num silêncio fino e veloz.

"Meu amor não morreu: perdeu-se.
Ele existe. Eu não o quero mais."
O choro foi levando o resto.
Eu nem pude fazer um gesto,
e achei as horas desiguais.

E achei que o vento era mais forte,
que o frio causava aflição;
quis cantar, mas não foi preciso.
E o ar estava muito indeciso
para dar vida a uma canção.

A sorte virara no tempo
como um navio sobre o mar.
O choro parou pela treva.
E agora não sei quem me leva
daqui para qualquer lugar,

onde eu não escute mais nada,
onde eu não saiba de ninguém,
onde deite a minha fadiga
e onde murmure uma cantiga
para ver se durmo, também.

Horóscopo

Deviam ser Vênus
e Júpiter, sim,
que ao menos, ao menos,
olhassem por mim,
gerando caminhos
claros e serenos
por onde passar
quem vinha nutrida
de secretos vinhos,

perdida, perdida,
de amor e pensar.

Saturno, porém,
Saturno, o sombrio,
se precipitou.

Não sabe ninguém
que rio, que rio
de luto circunda
a terra profunda
que piso e que sou;

que noite reveste
o mundo em que passo
e os mundos que penso...

Que longo, alto, imenso,
calado cipreste
sobe, ramo a ramo,
entre o meu abraço
e o abraço que amo!

Ressurreição

Não cantes, não cantes, porque vêm de longe
                          [os náufragos
vêm os presos, os tortos, os monges, os oradores,
                          [os suicidas.
Vêm as portas, de novo, e o frio das pedras, das
                          [escadas,
e, numa roupa preta, aquelas duas mãos antigas.

E uma vela de móvel chama fumosa. E os livros.
                          [E os escritos.
Não cantes. A praça cheia torna-se escura e
                          [subterrânea.
E meu nome se escuta a si mesmo, triste e falso.

Não cantes, não. Porque era a música da tua
voz que se ouvia. Sou morta recente, ainda com
                          [lágrimas.

Alguém cuspiu por distração sobre as minhas
                          [pestanas.
Por isso vi que era tão tarde.

E deixei nos meus pés ficar o sol e andarem
                          [moscas.
E dos meus dentes escorrer uma lenta saliva.
Não cantes, pois trancei o meu cabelo, agora,
e estou diante do espelho, e sei melhor que ando
                          [fugida.

Serenata

Permite que feche os meus olhos,
pois é muito longe e tão tarde!
Pensei que era apenas demora,
e cantando pus-me a esperar-te.

Permite que agora emudeça:
que me conforme em ser sozinha.
Há uma doce luz no silêncio
e a dor é de origem divina.

Permite que volte o meu rosto
para um céu maior que este mundo,
e aprenda a ser dócil no sonho
como as estrelas no seu rumo.

Praia

Nuvem, caravela branca
no ar azul do meio-dia:
– quem te viu como eu te via?

Rolaram trovões escuros
pela vertente dos montes.
Tremeram súbitas fontes.

Depois, ficou tudo triste
como o nome dos defuntos:
mar e céu morreram juntos.

Vinha o vento do mar alto
e levantava as areias,
sem ver como estavam cheias

de tanta coisa esquecida,
pisada por tantos passos,
quebrada em tantos pedaços!

Por onde ficou teu corpo,
– ilusão de claridade –
quando se fez tempestade?

Nuvem, caravela branca,
nunca mais há meio-dia?

(Já nem sei como te via!)

Sereia

Linda é a mulher e o seu canto,
ambos guardados no luar.
Seus olhos doces de pranto
– quem os pudera enxugar
devagarinho com a boca,
ai!
com a boca, devagarinho...

Na sua voz transparente
giram sonhos de cristal.
Nem ar nem onda corrente
possuem suspiro igual,
nem os búzios nem as violas,
ai!
nem as violas nem os búzios...

Tudo pudesse a beleza,
e, de encoberto país,
viria alguém, com certeza,
para fazê-la feliz,
contemplando-lhe alma e corpo,
ai!
alma e corpo contemplando-lhe...

Mas o mundo está dormindo
em travesseiros de luar.
A mulher do canto lindo
ajuda o mundo a sonhar,
com o canto que a vai matando,
ai!
E morrerá de cantar.

Encontro

Desde o tempo sem número em que as origens
                    [se elaboram,
se estendem para mim os teus braços eternos,
que um estatuário de caminhos invisíveis
construiu com a cor e o frio e o som morto de
                    [mármores,
para que em teu abraço haja imóveis invernos.

Tu bem sabes que sou uma chama da terra,
que ardentes raízes nutrem meu crescer sem
                    [termo;
adestrei-me com o vento, e a minha festa é a
                    [tempestade,
e a minha imagem, como jogo e pensamento,
abre em flor o silêncio, para enfeitar alturas
                    [e ermo.

Os teus braços que vêm com essa brancura
                    [incalculável
que de tão ser sem cor nem se compreende
                    [como existe,
– são os braços finais em que cedem os corpos,
e a alma cai sem mais nada, exausta de seu
                    [próprio nome,
com uma improvável forma, um vão destino e
                    [um peso triste.

Pois eu, que sinto bem esses teus braços
                    [paralelos,
na atitude sem dor que é o rumo e o ritmo
                    [dessa viagem,

digo que não cairei com uma fadiga permitida,
que não apagarei este desenho puro e ardente
com que, de fogo e sangue, foi traçada a minha
                                                [imagem.

Eu ficarei em ti, mísera, inútil, mas rebelde,
última estrela só, do campo infiel aos céus
                                                [escassos.
E tu mesma acharás pasmos de lagos e de areias,
diante da forma exígua, sustentada só de sonho,
mantendo chama e flor no gelo dos teus braços.

Epigrama nº 8

Encostei-me a ti, sabendo bem que eras somente
[onda.
Sabendo bem que eras nuvem, depus a minha
[vida em ti.

Como sabia bem tudo isso, e dei-me ao teu
[destino frágil,
fiquei sem poder chorar, quando caí.

Cantiga

Ai! A manhã primorosa
do pensamento...
Minha vida é uma pobre rosa
ao vento.

Passam arroios de cores
sobre a paisagem.
Mas tu eras a flor das flores,
Imagem!

Vinde ver asas e ramos,
na luz sonora!
Ninguém sabe para onde vamos
agora.

Os jardins têm vida e morte,
noite e dia...
Quem conhecesse a sua sorte,
morria.

E é nisto que se resume
o sofrimento:
cai a flor, – e deixa o perfume
no vento!

Cavalgada

Meu sangue corre como um rio
num grande galope,
num ritmo bravio,
para onde acena a tua mão.

Pelas suas ondas revoltas,
seguem desesperadamente
todas as minhas estrelas soltas,
com a máxima cintilação.

Ouve, no tumulto sombrio,
passar a torrente fantástica!
E, na luta da luz com as trevas,
todos os sonhos que me levas,
dize, ao menos, para onde vão!

Medida da significação

I

Procurei-me nesta água da minha memória
que povoa todas as distâncias da vida
e onde, como nos campos, se podia semear,
                              [talvez,
tanta imagem capaz de ficar florindo...

Procurei minha forma entre os aspectos das
                              [ondas,
para sentir, na noite, o aroma da minha duração.

Compreendo que, da fronte aos pés, sou de
                              [ausência absoluta:
desapareci como aquele – no entanto, árduo –
                              [ritmo
que, sobre fingidos caminhos,
sustentou a minha passagem desejosa.

Acabei-me como a luz fugitiva
que queimou sua própria atitude
segundo a tendência do meu pensamento
                              [transformável...

Desde agora, saberei que sou sem rastros.
Esta água da minha memória reúne os sulcos
                              [feridos:
as sombras efêmeras afogam-se na conjunção
                              [das ondas.

E aquilo que restaria eternamente
é tão da cor destas águas,
é tão do tamanho do tempo,
é tão edificado de silêncios
que, refletido aqui,
permanece inefável.

II

Voz obstinada, por que insistes chamando
por um nome que não corresponde mais a
[mim?

Não é do meu propósito que fiques ao longe
[sozinha.
Nem tu sabes que espécie de saudade abrolha
[na noite
e como o silêncio tenta mover-se inutilmente,
quando diriges teus ímãs sonoros,
sondando direções!

Não é do meu propósito, ó voz obstinada,
mas da minha condição.

As aparências dispersaram-se de mim,
como pássaros:
que sol se pode fixar nesta existência,
para te definir a minha aproximação?

Minhas dimensões se aboliram nos limites
[visíveis:
como podes saber onde me circunscrevo,
e de que modo me pode o teu desejo atingir?

Eu mesma deixei de entender a minha substância;
tenho apenas o sentimento dos mistérios que
[em mim se equilibram.

Como podes chamar por mim como às coisas
[concretas,
e assegurar-me que sou tua Necessidade e teu
[Bem?

III

Para experiência do teu contentamento,
crio formas que vistam meus pensamentos
                              [irreveláveis,
e modelo fisionomias com que te possa
                              [aparecer.

Pisarei minha solidão com renúncia e alegria
e, por entre caminhos assombrados,
resoluta virei até onde te encontres,
cortando as sombras que crescem como
                              [florestas.

Eu mesma me sentirei alucinada e esquisita,
com esse alento das nebulosas sinistras
que se desenvolvem nas febres.

Não saberei precisamente quando me verás,
nem se compreenderei a linguagem que falas,
e os nomes que têm as tuas realidades
e o tempo dos outros acontecimentos...

Mas o que, desde agora, sinto e sei com firmeza
é que tua voz continuará chamando por mim,
                              [obstinada,
embora eu não possa estar mais perto nem mais
                              [viva,
e se tenha acabado o caminho que existe entre
                              [nós,
e eu não possa prosseguir mais...

IV

A água da minha memória devora todos os
                              [reflexos.

Desfizeram-se, por isso, todas as minhas
                              [presenças
e sempre se continuarão a desfazer.

É inútil o meu esforço de conservar-me;
todos os dias sou meu completo
            [desmoronamento:
e assisto à decadência de tudo,
nestes espelhos sem reprodução.

Voz obstinada que estás ao longe chamando-me,
conduze-te a mim, para compreenderes minha
                              [ausência.
Traze de longe os teus atributos de amargura e
                              [de sonho,
para veres o que deles resta
depois que chegarem a estes ermos domínios
onde figuras e horas se decompõem.

Não precisaremos falar mais nem sentir:
seremos só de afinidades: morrerão as alegorias.

E saberás distinguir as coisas que perecem
                              [desoladas,
olhando para esta água interminável e muda,
que não floriu, que não palpitou, que não
                              [produziu,
de tanto ser puramente imortal...

Grilo

Estrelinha de lata,
assovio de vidro,
no escuro do quarto do menino doente.

A febre alarga
os pulsos hirtos;
mas dentro dos olhos há um sol contente.

Pássaro de prata
sacudindo guizos
no sonho mágico do menino moribundo.

Gota amarga
dos olhos frios,
rolando, rolando no peito do mundo...

Acontecimento

Aqui estou, junto à tempestade,
chorando como uma criança
que viu que não eram verdade
o seu sonho e a sua esperança.

A chuva bate-me no rosto
e em meus cabelos sopra o vento.
Vão-se desfazendo em desgosto
as formas do meu pensamento.

Chorarei toda a noite, enquanto
perpassa o tumulto nos ares,
para não me veres em pranto,
nem saberes, nem perguntares:

"Que foi feito do teu sorriso,
que era tão claro e tão perfeito?"
E o meu pobre olhar indeciso
não te repetir: "Que foi feito...?"

Epigrama nº 9

O vento voa,
a noite toda se atordoa,
a folha cai.

Haverá mesmo algum pensamento
sobre essa noite? sobre esse vento?
sobre essa folha que se vai?

Província

Cidadezinha perdida
no inverno denso de bruma,
que é dos teus morros de sombra,
do teu mar de branda espuma,

das tuas árvores frias
subindo das ruas mortas?
Que é das palmas que bateram
na noite das tuas portas?

Pela janela baixinha,
viam-se os círios acesos,
e as flores se desfolhavam
perto dos soluços presos.

Pela curva dos caminhos,
cheirava a capim e a orvalho
e muito longe as harmônicas
riam, depois do trabalho.

Que é feito da tua praça,
onde a morena sorria
com tanta noite nos olhos
e, na boca, tanto dia?

Que é feito daquelas caras
escondendo o seu segredo?
Dos corredores escuros
com paredes só de medo?

Que é feito da minha vida
abandonada na tua,

do instante de pensamento
deixado nalguma rua?

Do perfume que me deste,
que nutriu minha existência,
e hoje é um tempo de saudade,
sobre a minha própria ausência?

Cantar

Cantar de beira de rio:
água que bate na pedra,
pedra que não dá resposta.

Noite que vem por acaso,
trazendo nos lábios negros
o sonho de que se gosta.

Pensamento do caminho
pensando o rosto da flor
que pode vir, mas não vem.

Passam luas – muito longe,
estrelas – muito impossíveis,
nuvens sem nada, também.

Cantar de beira de rio:
o mundo coube nos olhos,
todo cheio, mas vazio.

A água subiu pelo campo,
mas o campo era tão triste...
Ai!
Cantar de beira de rio.

Destino

Pastora de nuvens, fui posta a serviço
por uma campina tão desamparada
que não principia nem também termina,
e onde nunca é noite e nunca madrugada.

(Pastores da terra, vós tendes sossego,
que olhais para o sol e encontrais direção.
Sabeis quando é tarde, sabeis quando é cedo.
Eu, não.)

Pastora de nuvens, por muito que espere,
não há quem me explique meu vário rebanho.
Perdida atrás dele na planície aérea,
não sei se o conduzo, não sei se o acompanho.

(Pastores da terra, que saltais abismos,
nunca entendereis a minha condição.
Pensais que há firmezas, pensais que há limites.
Eu, não.)

Pastora de nuvens, cada luz colore
meu canto e meu gado de tintas diversas.
Por todos os lados o vento revolve
os velos instáveis das reses dispersas.

(Pastores da terra, de certeiros olhos,
como é tão serena a vossa ocupação!
Tendes sempre o indício da sombra que foge...
Eu, não.)

Pastora de nuvens, não paro nem durmo
neste móvel prado, sem noite e sem dia.

Estrelas e luas que jorram, deslumbram
o gado inconstante que se me extravia.

(Pastores da terra, debaixo das folhas
que entornam frescura num plácido chão,
sabeis onde pousam ternuras e sonos.
Eu, não.)

Pastora de nuvens, esqueceu-me o rosto
do dono das reses, do dono do prado.
E às vezes parece que dizem meu nome,
que me andam seguindo, não sei por que lado.

(Pastores da terra, que vedes pessoas
sem serem apenas de imaginação,
podeis encontrar-vos, falar tanta coisa!
Eu, não.)

Pastora de nuvens, com a face deserta,
sigo atrás de formas com feitios falsos,
queimando vigílias na planície eterna
que gira debaixo dos meus pés descalços.

(Pastores da terra, tereis um salário,
e andará por bailes vosso coração.
Dormireis um dia como pedras suaves.
Eu, não.)

Quadras

Na canção que vai ficando
já não vai ficando nada:
é menos do que o perfume
de uma rosa desfolhada.

*

Os remos batem nas águas:
têm de ferir, para andar.
As águas vão consentindo –
esse é o destino do mar.

*

Passarinho ambicioso
fez nas nuvens o seu ninho.
Quando as nuvens forem chuva,
pobre de ti, passarinho.

*

O vento do mês de agosto
leva as folhas pelo chão;
só não toca no teu rosto
que está no meu coração.

*

Os ramos passam de leve
na face da noite azul.
É assim que os ninhos aprendem
que a vida tem norte e sul.

*

A cantiga que eu cantava,
por ser cantada morreu.
Nunca hei de dizer o nome
daquilo que há de ser meu.

*

Ao lado da minha casa
morre o sol e nasce o vento.
O vento me traz teu nome,
leva o sol meu pensamento.

Noturno

Suspiro do vento,
lágrima do mar,
este tormento
ainda pode acabar?

De dia e de noite,
meu sonho combate:
vêm sombras, vão sombras,
não há quem o mate!

Suspiro do vento,
lágrima do mar,
as armas que invento
são aromas no ar!

Mandai-me soldados
de estirpe mais forte,
com todas as armas
que levam à morte!

Suspiro do vento,
lágrima do mar,
meu pensamento
não sabe matar!

Mandai-me esse arcanjo
de verde cavalo,
que desça a este campo
a desbaratá-lo!

Suspiro do vento,
lágrima do mar,
que leve esse arcanjo meu longo tormento,
e também a mim, para o acompanhar!

Origem

O tempo gerou meu sonho na mesma roda de
                                              [alfareiro
que modelou Sírius e a Estrela Polar.
A luz ainda não nasceu, e a forma ainda não
                                              [está pronta:
mas a sorte do enigma já se sente respirar.

Não há norte nem sul: e só os ventos sem nome
giram com o nascimento – para o fazerem mais
                                              [veloz.
E a música geral, que circula nas veias da sombra,
prepara o mistério alado da sua voz.

Meu sonho quer apenas o tamanho da minha
                                              [alma,
– exato, luminoso e simples como um anel.
De tudo quanto existe, cinge somente o que não
                                            [morre,
porque o céu que o inventou cantava sempre
                                            [eternidade
rodando a sua argila fiel.

Feitiçaria

Não tinha havido pássaro nem flores
o ano inteiro.
Nem guerras, nem aulas, nem missas, nem
[viagens
e nem barca e nem marinheiro.

Nem indústria ou comércio, nem jornal nem
[rádio,
o ano inteiro!
Nem cartas, nem modas. Tudo quanto havia
era o feitiço de um feiticeiro
que toldava o mundo e a melancolia.

Chegaram agora pássaros e flores,
e de novo guerras, aulas, missas, viagens,
e marinheiros com remos e barcas
vêm saindo lá do horizonte.

Brotam de novo antigas imagens
das coleções de fotografia...
– moços com roupas de Caronte
e meninas iguais às Parcas.

Por isso é que se tem saudade
do tempo da feitiçaria.

Marcha

As ordens da madrugada
romperam por sobre os montes:
nosso caminho se alarga
sem campos verdes nem fontes.
Apenas o sol redondo
e alguma esmola de vento
quebram as formas do sono
com a ideia do movimento.

Vamos a passo e de longe;
entre nós dois anda o mundo,
com alguns vivos pela tona,
com alguns mortos pelo fundo.
As aves trazem mentiras
de países sem sofrimento.
Por mais que alargue as pupilas,
mais minha dúvida aumento.

Também não pretendo nada
senão ir andando à toa,
como um número que se arma
e em seguida se esboroa,
– e cair no mesmo poço
de inércia e de esquecimento,
onde o fim do tempo soma
pedras, águas, pensamento.

Gosto da minha palavra
pelo sabor que lhe deste:
mesmo quando é linda, amarga
como qualquer fruto agreste.
Mesmo assim amarga, é tudo

que tenho, entre o sol e o vento:
meu vestido, minha música,
meu sonho e meu alimento.

Quando penso no teu rosto,
fecho os olhos de saudade;
tenho visto muita coisa,
menos a felicidade.
Soltam-se os meus dedos tristes,
dos sonhos claros que invento.
Nem aquilo que imagino
já me dá contentamento.

Como tudo sempre acaba,
oxalá seja bem cedo!
A esperança que falava
tem lábios brancos de medo.
O horizonte corta a vida
isento de tudo, isento...
Não há lágrima nem grito:
apenas consentimento.

Epigrama nº 10

A minha vida se resume,
desconhecida e transitória,
em contornar teu pensamento,

sem levar dessa trajetória
nem esse prêmio de perfume
que as flores concedem ao vento.

Onda

Quem falou de primavera
sem ter visto o teu sorriso,
falou sem saber o que era.

....

Pus o meu lábio indeciso
na concha verde e espumosa
modelada ao vento liso:

tinha frescuras de rosa,
aroma de viagem clara
e um som de prata gloriosa.

Mas desfez-se em coisa rara:
pérolas de sal tão finas
– nem a areia as igualara!

Tenho no meu lábio as ruínas
de arquiteturas de espuma
com paredes cristalinas...

Voltei aos campos de bruma,
onde as árvores perdidas
não prometem sombra alguma.

As coisas acontecidas,
mesmo longe, ficam perto
para sempre e em muitas vidas:

mas quem falou de deserto
sem nunca ver os meus olhos...
– falou, mas não estava certo.

Herança

Eu vim de infinitos caminhos,
e os meus sonhos choveram lúcido pranto
pelo chão.

Quando é que frutifica, nos caminhos infinitos,
essa vida, que era tão viva, tão fecunda,
porque vinha de um coração?

E os que vierem depois, pelos caminhos infinitos,
do pranto que caiu dos meus olhos passados,
que experiência, ou consolo, ou prêmio alcançarão?

História

Eu fui a de mãos ardentes
que, triste de ser nascida,
foi subindo altas vertentes
para a vida.
E perguntava, à subida:
"Ó mãos, por que sois ardentes?"

Água fina que descia,
flor em pedras debruçada,
nada ouvia ou respondia...
Nada, nada.

E eu ia desenganada,
sorrindo, porque o sabia.

E, afinal, no céu, presentes
todas as estrelas puras,
pouso as mesmas mãos ardentes
nas alturas,
– sem perguntas, sem procuras,
ricas por indiferentes.

Medo, orgulho, desencanto
prenderam os movimentos
dessas mãos que, amando tanto,
sobre os ventos
desfizeram seus intentos,
vencendo um tácito pranto.

Ai! por mais que se ande, é certo:
– não se encontra o bem perfeito.

Vai nascendo só deserto
pelo peito.
E entre o desejado e o aceito
dorme um horizonte encoberto.

Com esta boca sem pedidos,
e esperanças tão ausentes,
e esta névoa nos ouvidos
complacentes,
– ó mãos, por que sois ardentes? –

Tudo são sonhos dormidos
ou dormentes!

Assovio

Ninguém abra a sua porta
para ver que aconteceu:
saímos de braço dado,
a noite escura mais eu.

Ela não sabe o meu rumo,
eu não lhe pergunto o seu:
não posso perder mais nada,
se o que houve já se perdeu.

Vou pelo braço da noite,
levando tudo que é meu:
– a dor que os homens me deram,
e a canção que Deus me deu.

Personagem

Teu nome é quase indiferente
e nem teu rosto já me inquieta.
A arte de amar é exatamente
a de ser poeta.

Para pensar em ti, me basta
o próprio amor que por ti sinto:
és a ideia, serena e casta,
nutrida do enigma do instinto.

O lugar da tua presença
é um deserto, entre variedades:
mas nesse deserto é que pensa
o olhar de todas as saudades.

Meus sonhos viajam rumos tristes
e, no seu profundo universo,
tu, sem forma e sem nome, existes,
silencioso, obscuro, disperso.

Todas as máscaras da vida
se debruçam para o meu rosto,
na alta noite desprotegida
em que experimento o meu gosto.

Todas as mãos vindas ao mundo
desfalecem sobre o meu peito,
e escuto o suspiro profundo
de um horizonte insatisfeito.

Oh! que se apague a boca, o riso,
o olhar desses vultos precários,

pelo improvável paraíso
dos encontros imaginários!

Que ninguém e que nada exista,
de quanto a sombra em mim descansa:
– eu procuro o que não se avista,
dentre os fantasmas da esperança!

Teu corpo, e teu rosto, e teu nome,
teu coração, tua existência,
tudo – o espaço evita e consome:
e eu só conheço a tua ausência.

Eu só conheço o que não vejo.
E, nesse abismo do meu sonho,
alheia a todo outro desejo,
me decomponho e recomponho...

Estirpe

Os mendigos maiores não dizem mais, nem
                        [fazem nada.
Sabem que é inútil e exaustivo. Deixam-se estar.
                        [Deixam-se estar.
Deixam-se estar ao sol e à chuva, com o mesmo
                        [ar de completa coragem,
longe do corpo que fica em qualquer lugar.

Entretêm-se a estender a vida pelo pensamento.
Se alguém falar, sua voz foge como um pássaro
                        [que cai.
E é de tal modo imprevista, desnecessária e
                        [surpreendente
que, para a ouvirem bem, talvez gemessem
                        [algum ai.

Oh! não gemiam, não... Os mendigos maiores
                        [são todos estoicos.
Puseram sua miséria junto aos jardins do
                        [mundo feliz,
mas não querem que, do outro lado, tenham
                        [notícia da estranha sorte
que anda por eles como um rio num país.

Os mendigos maiores vivem fora da vida:
                        [fizeram-se excluídos.
Abriram sonos e silêncios e espaços nus, em
                        [redor de si.
Têm seu reino vazio, de altas estrelas que não
                        [cobiçam.
Seu olhar não olha mais, e sua boca não chama
                        [nem ri.

E seu corpo não sofre nem goza. E sua mão não
                    [toma nem pede.
E seu coração é uma coisa que, se existiu, já
                    [esqueceu.
Ah! os mendigos maiores são um povo que se
                    [vai convertendo em pedra.
Esse povo é que é o meu.

Tentativa

Andei pelo mundo no meio dos homens:
uns compravam joias, uns compravam pão.
Não houve mercado nem mercadoria
que seduzisse a minha vaga mão.

Calado, Calado, me diga, Calado
por onde se encontra minha sedução.

Alguns, sorririam, muitos, soluçaram,
uns, porque tiveram, outros, porque não.
Calado, Calado, eu, que não quis nada,
por que ando com pena no meu coração?

Se não vou ser santa, Calado, Calado,
os sonhos de todos por que não me dão?

Calado, Calado, perderam meus dias?
ou gastei-os todos, só por distração?
Não sou dos que levam: sou coisa levada...
E nem sei daqueles que me levarão...

Calado, me diga se devo ir-me embora,
para que outro mundo e em que embarcação!

Cantiga

Bem-te-vi que estás cantando
nos ramos da madrugada,
por muito que tenhas visto,
juro que não viste nada.

Não viste as ondas que vinham
tão desmanchadas na areia,
quase vida, quase morte,
quase corpo de sereia...

E as nuvens que vão andando
com marcha e atitude de homem,
com a mesma atitude e marcha
tanto chegam como somem.

Não viste as letras, que apostam
formar ideias com o vento...
E as mãos da noite quebrando
os talos do pensamento.

Passarinho tolo, tolo,
de olhinhos arregalados...
Bem-te-vi, que nunca viste
como os meus olhos fechados...

Epigrama nº 11

A ventania misteriosa
passou na árvore cor-de-rosa,
e sacudiu-a como um véu,
um largo véu, na sua mão.

Foram-se os pássaros para o céu.
Mas as flores ficaram no chão.

Passeio

Quem me leva adormecida
por dentro do campo fresco,
quando as estrelas e os grilos
palpitam ao mesmo tempo?

O céu dorme na montanha,
o mar flutua em si mesmo,
o tempo que vai passando
filtra a sombra nas areias.

Quem me leva adormecida
sobre o perfume das plantas,
quando, no fundo dos rios
a água é nova a cada instante?

Não há palavras nem rostos:
eu mesma não me estou vendo.
Alguém me tirou do corpo,
fez-me nome, unicamente,

nome, para que as perguntas
me chamem, com vozes tristes,
e eu não me esqueça de tudo
se houver um dia seguinte.

O céu roda para oeste:
as pontes vão para as águas.
O vento é um silêncio inquieto
com perspectivas de barcos.

Quem me leva adormecida
pelas dunas, pelas nuvens,
com este som inesquecível
do pensamento no escuro?

Cantiga

Nós somos como o perfume
da flor que não tinha vindo:
esperança do silêncio,
quando o mundo está dormindo.

Pareceu que houve o perfume...
E a flor, sem vir, se acabou.
Oh! abelha imaginativa!
o que o desejo inventou...

A menina enferma

I

A menina enferma tem no seu quarto formas
[inúmeras
que inventam espantos para seus olhos sem
[ilusão.

Bonecos que enchem as grandes horas de
[pesadelos,
que lhe roubam os olhos, que lhe partem a
[garganta,
que arrebatam tesouros da sua mão.

Um dia, ela descobriu sozinha que era duas!
a que sofre depressa, no ritmo intenso e atroz
[da noite
e a que olha o sofrimento do alto do sono, do
[alto de tudo,
balançada num céu de estrelas invisíveis,

sem contato nenhum com o chão.

II

A mão da menina enferma refratou-se também
[na água pura,
como, outras vezes, sua voz, nesses rios do céu.

Partiu-se a mão contemplativa dentro d'água:
mas não houve mesmo amargura, mas quase
[delícia,
no seu pulso quebrado e exato.

E ela contempla a onda mansa:
e tudo isso é uma simples lembrança?
é uma alheia notícia?
ou algum velho retrato?

III

A menina enferma passeia no jardim brilhante,
de plantas úmidas, de flores frescas, de água
                              [cantante,
com pássaros sobre a folhagem.

A menina enferma apanha o sol nas mãos
                              [magrinhas:
seus olhos longos têm um desenho de
                              [andorinhas
num rosto sereno de imagem.

A menina enferma chegou perto do dia tão
                              [mansa
e tão simples como uma lágrima sobre a
                              [esperança.
E acaba de descobrir que as nuvens também
                              [têm movimento.

Olha-as como de muito mais longe. E com um
                              [sorriso de saudade
põe nesses barcos brancos seus sentimentos de
                              [eternidade
e parte pelo claro vento.

Desenho

Fino corpo, que passeias
na minha imaginação
como o vento nas areias,

serás o rei Salomão?

Há um perfume de madeira
e uma confusa noção
de óleo e nardo, a noite inteira,

na minha imaginação.

Estendem-se no meu leito
púrpura e marfins... Estão
safiras pelo meu peito,

cedros pela minha mão...

Torres, piscinas, palmeiras,
de pura imaginação,
parecem tão verdadeiras...

Serás o rei Salomão?

Ondas de mel e de leite
se derramam pelo chão,
no silencioso deleite

da sombra e da solidão.

Navega nas minhas veias,
em vagarosa invenção,
um vinho de luas-cheias –

Por isso, em meu corpo vão
brotando, em mornos canteiros,
incenso, mirra, e a canção

de uns pássaros prisioneiros...

Serás o rei Salomão?

Na noite quase perfeita
da minha imaginação,
que é da tua mão direita?...

Timidez

Basta-me um pequeno gesto,
feito de longe e de leve,
para que venhas comigo
e eu para sempre te leve...

– mas só esse eu não farei.

Uma palavra caída
das montanhas dos instantes
desmancha todos os mares
e une as terras mais distantes...

– palavra que não direi.

Para que tu me adivinhes,
entre os ventos taciturnos,
apago meus pensamentos,
ponho vestidos noturnos,

– que amargamente inventei.

E, enquanto não me descobres,
os mundos vão navegando
nos ares certos do tempo,
até não se sabe quando...

– e um dia me acabarei.

Taverna

Bem sei que, olhando pra minha cara,
pra minha boca, triste e incoerente,
pros gestos vagos de sombra incerta
que hoje sou eu,
minha loucura se faz tão clara,
minha desgraça tão evidente,
minha alma toda tão descoberta,
que pensam: "Este, não bebeu..."

"Passei a noite, passei o dia
de cotovelos firmes na mesa,
de olhos sobre o vinho perdidos,
a testa pulsando na mão:
e muros de melancolia
subiam pela sala acesa,
inutilizando os gemidos,
mas quebrando-me o coração.

"Deixei o copo no mesmo nível:
bebida imóvel, espelho atento,
onde – só eu – vi desabrochares,
rosto amargo de amor!
Vim da taverna ébrio de impossível,
pisando sonhos, beijando o vento,
falando às pedras, agarrando os ares...
– Oh! deixem-me ir para onde eu for!..."

Pergunta

Estes meus tristes pensamentos
vieram de estrelas desfolhadas
pela boca brusca dos ventos?

Nasceram das encruzilhadas,
onde os espíritos defuntos
põem no presente horas passadas?

Originaram-se de assuntos
pelo raciocínio dispersos,
e depois na saudade juntos?

Subiram de mundos submersos
em mares, túmulos ou almas,
em música, em mármore, em versos?

Cairiam das noites calmas,
dos caminhos dos luares lisos,
em que o sono abre mansas palmas?

Provêm de fatos indecisos,
acontecidos entre brumas,
na era de extintos paraísos?

Ou de algum cenário de espumas,
onde as almas deslizam frias,
sem aspirações mais nenhumas?

Ou de ardentes e inúteis dias,
com figuras alucinadas
por desejos e covardias?...

Foram as estátuas paradas
em roda da água do jardim...?
Foram as luzes apagadas?

Ou serão feitos só de mim,
estes meus tristes pensamentos
que boiam como peixes lentos

num rio de tédio sem fim?

Epigrama nº 12

A engrenagem trincou pobre e pequeno inseto.
E a hora certa bateu, grande e exata, em seguida.

Mas o toque daquele alto e imenso relógio
dependia daquela exígua e obscura vida?

Ou percebeu sequer, enquanto o som vibrava,
que ela ficava ali, calada mas partida?

Vento

Passaram os ventos de agosto, levando tudo.
As árvores humilhadas bateram, bateram com
                              [os ramos no chão.
Voaram telhados, voaram andaimes, voaram
                              [coisas imensas:
os ninhos que os homens não viram nos galhos,
e uma esperança que ninguém viu, num coração.

Passaram os ventos de agosto, terríveis, por
                              [dentro da noite.
Em todos os sonos pisou, quebrando-os, o seu
                              [tropel.
Mas, sobre a paisagem cansada da aventura
               [excessiva – sem forma e sem eco,
o sol encontrou as crianças procurando outra
                              [vez o vento
para soltarem papagaios de papel.

Miséria

Hoje é tarde para os desejos,
e nem me interessa mais nada...
Cheguei muito depois do tempo
em que se pode ouvir dizer: "Oh! minha amada..."

O mar imóvel dos teus olhos
pode estar bem perto, e defronte.
Mas nem navegam as horas
nem se cuida mais de horizonte.

Durmo com a noite nos meus braços,
sofrendo pelo mundo inteiro.
O suspiro que em mim resvala
bem pode ser, a cada instante, o derradeiro.

Morrer é uma coisa tão fácil
que todas as manhãs me admiro
de ter o sono conservado
fidelidade ao meu suspiro.

E pergunto: "Quem é que manda
mais do que eu sobre a minha vida?
Neste mar de só desencanto,
que sereia murmura uma canção desconhecida?

E em meus ouvidos indiferentes,
alheios a qualquer vontade,
que rostos vão reconhecendo
os passeios da eternidade?

Perto do meu corpo estendido,
náufrago inerte de sombras e ares,
quem chegará, desmanchando secretos níveis?
Serás tu? – para me levares..."

(Vejo a lágrima que escorre
por cima da minha pena.
Ai! a pergunta é sempre enorme,
e a resposta, tão pequena...)

Metamorfose

Súbito pássaro
dentro dos muros
caído,

pálido barco
na onda serena
chegado.

Noite sem braços!
Cálido sangue
corrido.

E imensamente
o navegante
mudado.

Seus olhos densos
apenas sabem
ter sido.

Seu lábio leva
um outro nome
mandado.

Súbito pássaro
por altas nuvens
bebido.

Pálido barco
nas flores quietas
quebrado.

Nunca, jamais
e para sempre
perdido
o eco do corpo
no próprio vento
pregado.

Despedida

Vais ficando longe de mim
como o sono, nas alvoradas;
mas há estrelas sobressaltadas
resplandecendo além do fim.

Bebo essas luzes com tristeza,
porque sinto bem que elas são
o último vinho e o último pão
de uma definitiva mesa.

E olho para a fuga do mar,
e para a ascensão das montanhas,
e vejo como te acompanhas,
– para me desacompanhar.

As luzes do amanhecimento
acharão toda a terra igual.
– Tudo foi sobrenatural,
sem peso de contentamento,

sem noções do mal nem do bem,
– jogo de pura geometria,
que eu pensei que se jogaria,
mas não se joga com ninguém.

Epigrama nº 13

Passaram os reis coroados de ouro,
e os heróis coroados de louro:
passaram por estes caminhos.

Depois, vieram os santos e os bardos.
Os santos, cobertos de espinhos.
Os poetas, cingidos de cardos.

Cecília Meireles em retrato de estúdio fotográfico, em 1932.

O artista plástico português Fernando Correia Dias, seu primeiro marido.

EDIÇÕES «OCIDENTE»

CECÍLIA MEIRELES

VIAGEM

POESIA

1929—1937

1.º Prémio de Poesia da Academia Brasileira
de Letras em 1938

EDITORIAL IMPÉRIO, LDA.
151 — Rua do Salitre — 153
Telefone 48276 — LISBOA

Capa da primeira edição
de *Viagem*, publicada
em Portugal, em 1939.

Com Heitor Grillo, seu segundo marido, em viagem aos Estados Unidos, em 1940.

No México, em 1940.

Cecília Meireles e Heitor Grillo, em Porto Alegre, c. 1950. Abaixo, manuscrito de Cecília no verso da foto.

> Este poético retrato foi tirado na praça de P. Alegre, perto do Hotel Jung, por um fotógrafo que, na hora H, me disse: "agora, um sorriso". Eram 2 menos 10; daí a 20 m. estava pronto.
> Às 2 e meia, quando voltamos, ele nos ofereceu essa belezinha. Uma barateza: meia dúzia por 15$.
> Admirem o paninho do H. e a minha saia amarelada!!!
> Que *bom*, viajar!! Ai ai!

A noite abria a frescura
dos campos todos molhados,
– sozinha, com o seu perfume! –
preparando a flor mais pura
com ares de todos os lados.

Em sua casa no
Cosme Velho,
Rio de Janeiro.

No jardim de sua casa.

Cronologia

1901

A 7 de novembro, nasce Cecília Benevides de Carvalho Meirelles, no Rio de Janeiro. Seus pais, Carlos Alberto de Carvalho Meirelles (falecido três meses antes do nascimento da filha) e Mathilde Benevides. Dos quatro filhos do casal, apenas Cecília sobrevive.

1904

Com a morte da mãe, passa a ser criada pela avó materna, Jacintha Garcia Benevides.

1910

Conclui com distinção o curso primário na Escola Estácio de Sá.

1912

Conclui com distinção o curso médio na Escola Estácio de Sá, premiada com medalha de ouro recebida no ano seguinte das mãos de Olavo Bilac, então inspetor escolar do Distrito.

1917

Formada pela Escola Normal (Instituto de Educação), começa a exercer o magistério primário em escolas oficiais do antigo Distrito Federal. Estuda línguas e em seguida ingressa no Conservatório de Música.

1919

Publica o primeiro livro, *Espectros*.

1922

Casa-se com o artista plástico português Fernando Correia Dias.

1923

Publica *Nunca mais... e poema dos poemas*. Nasce sua filha Maria Elvira.

1924

Publica o livro didático *Criança meu amor*. Nasce sua filha Maria Mathilde.

1925

Publica *Baladas para El-Rei*. Nasce sua filha Maria Fernanda.

1927

Aproxima-se do grupo modernista que se congrega em torno da revista *Festa*.

1929

Publica a tese *O espírito vitorioso*. Começa a escrever crônicas para *O Jornal*, do Rio de Janeiro.

1930

Publica o ensaio *Saudação à menina de Portugal*. Participa ativamente do movimento de reformas do ensino e dirige, no *Diário de Notícias*, página diária dedicada a assuntos de educação (até 1933).

1934

Publica o livro *Leituras infantis*, resultado de uma pesquisa pedagógica. Cria uma biblioteca (pioneira no país) especializada em literatura infantil, no antigo Pavilhão Mourisco, na praia de Botafogo. Viaja a Portugal, onde faz conferências nas Universidades de Lisboa e Coimbra.

1935

Publica em Portugal os ensaios *Notícia da poesia brasileira* e *Batuque, samba e macumba*.
Morre Fernando Correia Dias.

1936

Trabalha no Departamento de Imprensa e Propaganda, onde dirige a revista *Travel in Brazil*. Nomeada professora de literatura luso-brasileira e mais tarde técnica e crítica literária da recém--criada Universidade do Distrito Federal, na qual permanece até 1938.

1937

Publica o livro infantojuvenil *A festa das letras*, em parceria com Josué de Castro.

1938

Publica o livro didático *Rute e Alberto resolveram ser turistas*. Conquista o prêmio Olavo Bilac de poesia da Academia Brasileira de Letras com o inédito *Viagem*.

1939

Em Lisboa, publica *Viagem*, quando adota o sobrenome literário Meireles, sem o *l* dobrado.

1940

Leciona Literatura e Cultura Brasileiras na Universidade do Texas, Estados Unidos. Profere no México conferências sobre literatura, folclore e educação. Casa-se com o agrônomo Heitor Vinicius da Silveira Grillo.

1941

Começa a escrever crônicas para *A Manhã*, do Rio de Janeiro.

1942

Publica *Vaga música*.

1944

Publica a antologia *Poetas novos de Portugal*. Viaja para o Uruguai e a Argentina. Começa a escrever crônicas para a *Folha Carioca* e o *Correio Paulistano*.

1945

Publica *Mar absoluto e outros poemas* e, em Boston, o livro didático *Rute e Alberto*.

1947

Publica em Montevidéu *Antologia poética (1923--1945)*.

1948

Publica em Portugal *Evocação lírica de Lisboa*. Passa a colaborar com a Comissão Nacional do Folclore.

1949

Publica *Retrato natural* e a biografia *Rui: pequena história de uma grande vida*. Começa a escrever crônicas para a *Folha da Manhã*, de São Paulo.

1951

Publica *Amor em Leonoreta*, em edição fora de comércio, e o livro de ensaios *Problemas da literatura infantil*.
Secretaria o Primeiro Congresso Nacional de Folclore.

1952

Publica *Doze noturnos da Holanda & O aeronauta* e o ensaio "Artes populares" no volume em coautoria *As artes plásticas no Brasil*. Recebe o título de Doutora *Honoris Causa* da Universidade de Délhi, na Índia, e o Grau de Oficial da Ordem do Mérito, no Chile.

1953

Publica *Romanceiro da Inconfidência* e, em Haia, *Poèmes*. Começa a escrever para o suplemento literário do *Diário de Notícias*, do Rio de Janeiro, e para *O Estado de S. Paulo*.

1953-1954

Viaja para a Europa, Açores, Índia e Goa.

1955

Publica *Pequeno oratório de Santa Clara, Pistoia, cemitério militar brasileiro* e *Espelho cego*, em edições fora de comércio, e, em Portugal, o ensaio *Panorama folclórico dos Açores: especialmente da Ilha de S. Miguel.*

1956

Publica *Canções* e *Giroflê, giroflá.*

1957

Publica *Romance de Santa Cecília* e *A rosa*, em edições fora de comércio, e o ensaio *A Bíblia na poesia brasileira.* Viaja para Porto Rico.

1958

Publica *Obra poética* (poesia completa). Viaja para Israel, Grécia e Itália.

1959

Publica *Eternidade de Israel.*

1960

Publica *Metal rosicler.*

1961

Publica *Poemas escritos na Índia* e, em Nova Délhi, *Tagore and Brazil.*
Começa a escrever crônicas para o programa *Quadrante*, da Rádio Ministério da Educação e Cultura.

1962

Publica a antologia *Poesia de Israel*.

1963

Publica *Solombra* e *Antologia poética*. Começa a escrever crônicas para o programa *Vozes da cidade*, da Rádio Roquette Pinto, e para a *Folha de S.Paulo*.

1964

Publica o livro infantojuvenil *Ou isto ou aquilo*, com ilustrações de Maria Bonomi, e o livro de crônicas *Escolha o seu sonho*.
Falece a 9 de novembro, no Rio de Janeiro.

1965

Conquista, postumamente, o Prêmio Machado de Assis da Academia Brasileira de Letras, pelo conjunto de sua obra.

Bibliografia básica sobre Cecília Meireles

ANDRADE, Mário de. Cecília e a poesia. In: _____. *O empalhador de passarinho*. São Paulo: Martins, [1946].

_____. Viagem. In: _____. *O empalhador de passarinho*. São Paulo: Martins, [1946].

AZEVEDO FILHO, Leodegário A. de. (Org.). Cecília Meireles. In: _____. *Poetas do modernismo*: antologia crítica. Brasília: Instituto Nacional do Livro, 1972. v. 4.

_____. *Poesia e estilo de Cecília Meireles*: a pastora de nuvens. Rio de Janeiro: José Olympio, 1970.

_____. *Três poetas de Festa*: Tasso, Murillo e Cecília. Rio de Janeiro: Padrão, 1980.

BANDEIRA, Manuel. *Apresentação da poesia brasileira*. São Paulo: Cosac Naify, 2009.

BERABA, Ana Luiza. *América aracnídea*: teias culturais interamericanas. Rio de Janeiro: Civilização Brasileira, 2008.

BONAPACE, Adolphina Portella. *O Romanceiro da Inconfidência*: meditação sobre o destino do homem. Rio de Janeiro: Livraria São José, 1974.

BOSI, Alfredo. Em torno da poesia de Cecília Meireles. In: _____. *Céu, inferno:* ensaios de crítica literária e ideológica. São Paulo: Duas Cidades/Editora 34, 2003.

BRITO, Mário da Silva. Cecília Meireles. In: _____. *Poesia do Modernismo.* Rio de Janeiro: Civilização Brasileira, 1968.

CANDIDO DE MELLO E SOUZA, Antonio; CASTELLO, José Aderaldo (Orgs.). *Cecília Meireles. Presença da literatura brasileira 3:* Modernismo. 2. ed. São Paulo: Difusão Europeia do Livro, 1967.

CARPEAUX, Otto Maria. Poesia intemporal. In: _____. *Ensaios reunidos:* 1942-1978. Rio de Janeiro: UniverCidade/Topbooks, 1999.

CASTELLO, José Aderaldo. O Grupo Festa. In: _____. *A literatura brasileira:* origens e unidade. São Paulo: Edusp, 1999. v. 2.

CASTRO, Marcos de. Bandeira, Drummond, Cecília, os contemporâneos. In: _____. *Caminho para a leitura.* Rio de Janeiro: Record, 2005.

CAVALIERI, Ruth Villela. *Cecília Meireles:* o ser e o tempo na imagem refletida. Rio de Janeiro: Achiamé, 1984.

COELHO, Nelly Novaes. Cecília Meireles. In: _____. *Dicionário crítico da literatura infantil e juvenil brasileira.* São Paulo: Nacional, 2006.

_____. Cecília Meireles. In: _____. *Dicionário crítico de escritoras brasileiras:* 1711-2001. São Paulo: Escrituras, 2002.

_____. O "eterno instante" na poesia de Cecília Meireles. In: _____. *Tempo, solidão e morte.* São Paulo: Conselho Estadual de Cultura/Comissão e Literatura, 1964.

CORREIA, Roberto Alvim. Cecília Meireles. In: _____. *Anteu e a crítica*: ensaios literários. Rio de Janeiro: José Olympio, 1948.

DAMASCENO, Darcy. *Cecília Meireles:* o mundo contemplado. Rio de Janeiro: Orfeu, 1967.

_____. *De Gregório a Cecília*. Organização de Antonio Carlos Secchin e Iracilda Damasceno. Rio de Janeiro: Galo Branco, 2007.

DANTAS, José Maria de Souza. *A consciência poética de uma viagem sem fim:* a poética de Cecília Meireles. Rio de Janeiro: Eu & Você, 1984.

FAUSTINO, Mário. O livro por dentro. In: _____. *De Anchieta aos concretos*. Organização de Maria Eugênia Boaventura. São Paulo: Companhia das Letras, 2003.

FONTELES, Graça Roriz. *Cecília Meireles:* lirismo e religiosidade. São Paulo: Scortecci, 2010.

GENS, Rosa (Org.). *Cecília Meireles:* o desenho da vida. Rio de Janeiro: Setor Cultural/Núcleo Interdisciplinar de Estudos da Mulher na Literatura/UFRJ, 2002.

GOLDSTEIN, Norma Seltzer. *Roteiro de leitura: Romanceiro da Inconfidência* de Cecília Meireles. São Paulo: Ática, 1988.

GOUVÊA, Leila V. B. *Cecília em Portugal:* ensaio biográfico sobre a presença de Cecília Meireles na terra de Camões, Antero e Pessoa. São Paulo: Iluminuras, 2001.

_____ (Org.). *Ensaios sobre Cecília Meireles*. São Paulo: Humanitas/Fapesp, 2007.

_____. *Pensamento e "lirismo puro" na poesia de Cecília Meireles*. São Paulo: Edusp, 2008.

GOUVEIA, Margarida Maia. *Cecília Meireles:* uma poética do "eterno instante". Lisboa: Imprensa Nacional/Casa da Moeda, 2002.

LAMEGO, Valéria. *A farpa na lira:* Cecília Meireles na Revolução de 30. Rio de Janeiro: Record, 1996.

LINHARES, Temístocles. Revisão de Cecília Meireles. In: _____. *Diálogos sobre a poesia brasileira.* São Paulo: Melhoramentos, 1976.

LÔBO, Yolanda. *Cecília Meireles.* Recife: Massangana/Fundação Joaquim Nabuco, 2010.

MANNA, Lúcia Helena Sgaraglia. *Pelas trilhas do* Romanceiro da Inconfidência. Niterói: EDUFF, 1985.

MARTINS, Wilson. Lutas literárias (?). In: _____. *O ano literário:* 2002-2003. Rio de Janeiro: Topbooks, 2007.

MELLO, Ana Maria Lisboa de (Org.). *A poesia metafísica no Brasil:* percursos e modulações. Porto Alegre: Libretos, 2009.

_____; UTÉZA, Francis. *Oriente e ocidente na poesia de Cecília Meireles.* Porto Alegre: Libretos, 2006.

MILLIET, Sérgio. *Panorama da moderna poesia brasileira.* Rio de Janeiro: Ministério da Educação e Saúde/Serviço de Documentação, 1952.

MOISÉS, Massaud. Cecília Meireles. In: _____. *História da literatura brasileira:* Modernismo. São Paulo: Cultrix, 1989.

MONTEIRO, Adolfo Casais. Cecília Meireles. In: _____. *Figuras e problemas da literatura brasileira contemporânea.* São Paulo: Instituto de Estudos Brasileiros, 1972.

MORAES, Vinicius de. Suave amiga. In: _____. *Para uma menina com uma flor.* Rio de Janeiro: Editora do Autor, 1966.

MOREIRA, Maria Edinara Leão. *Estética e transcendência em O estudante empírico, de Cecília Meireles*. Passo Fundo: Editora da Universidade de Passo Fundo, 2007.

MURICY, Andrade. Cecília Meireles. In: _____. *A nova literatura brasileira*: crítica e antologia. Porto Alegre: Globo, 1936.

_____. Cecília Meireles. In: _____. *Panorama do movimento simbolista brasileiro*. 2. ed. Brasília: Conselho Federal de Cultura/Instituto Nacional do Livro, 1973. v. 2.

NEJAR, Carlos. Cecília Meireles – da fidência à Inconfidência Mineira, do *Metal rosicler* à *Solomba*. In: _____. *História da literatura brasileira*: da carta de Caminha aos contemporâneos. São Paulo: Leya, 2011.

NEMÉSIO, Vitorino. A poesia de Cecília Meireles. In: _____. *Conhecimento de poesia*. Salvador: Progresso, 1958.

NEVES, Margarida de Souza; LÔBO, Yolanda Lima; MIGNOT, Ana Chrystina Venancio (Orgs.). *Cecília Meireles: a poética da educação*. Rio de Janeiro: PUC; São Paulo: Loyola, 2001.

OLIVEIRA, Ana Maria Domingues de. *Estudo crítico da bibliografia sobre Cecília Meireles*. São Paulo: Humanitas/USP, 2001.

PAES, José Paulo. Poesia nas alturas. In: _____. *Os perigos da poesia e outros ensaios*. Rio de Janeiro: Topbooks, 1997.

PARAENSE, Sílvia. *Cecília Meireles:* mito e poesia. Santa Maria: UFSM, 1999.

PICCHIO, Luciana Stegagno. A poesia atemporal de Cecília Meireles, "pastora das nuvens". In: _____. *História da literatura brasileira*. Rio de Janeiro: Nova Aguilar, 1997.

PÓLVORA, Hélio. Caminhos da poesia: Cecília. In: _____. *Graciliano, Machado, Drummond & outros*. Rio de Janeiro: Francisco Alves, 1975.

RAMOS, Péricles Eugênio da Silva. Solombra. In: _____. *Do barroco ao modernismo:* estudos de poesia brasileira. 2. ed. revista e aumentada, Rio de Janeiro: Livros Técnicos e Científicos, 1979.

RICARDO, Cassiano. *A Academia e a poesia moderna*. São Paulo: Revista dos Tribunais, 1939.

RÓNAI, Paulo. O conceito de beleza em *Mar absoluto*. In: _____. *Encontros com o Brasil*. 2. ed. Rio de Janeiro: Batel, 2009.

_____. Uma impressão sobre a poesia de Cecília Meireles. In: _____. *Encontros com o Brasil*. 2. ed. Rio de Janeiro: Batel, 2009.

SADLIER, Darlene J. *Cecília Meireles & João Alphonsus*. Brasília: André Quicé, 1984.

SECCHIN, Antonio Carlos. Cecília Meireles e os *Poemas escritos na Índia*. In: _____. *Memórias de um leitor de poesia & outros ensaios*. Rio de Janeiro: Topbooks/Academia Brasileira de Letras, 2010.

_____. O enigma Cecília Meireles. In: _____. *Memórias de um leitor de poesia & outros ensaios*. Rio de Janeiro: Topbooks/Academia Brasileira de Letras, 2010.

SIMÕES, João Gaspar. Cecília Meireles: *Metal rosicler*. In: _____. *Crítica II:* poetas contemporâneos (1946--1961). Lisboa: Delfos, [1961].

_____. Fonética e poesia ou o *Retrato natural* de Cecília Meireles. In: _____. *Literatura, literatura, literatura...*: de Sá de Miranda ao concretismo brasileiro. Lisboa: Portugália, 1964.

VERISSIMO, Erico. Entre Deus e os oprimidos. In: _____. *Breve história da literatura brasileira*. São Paulo: Globo, 1995.

VILLAÇA, Antonio Carlos. Cecília Meireles: a eternidade entre os dedos. In: _____. *Tema e voltas*. Rio de Janeiro: Hachette, 1975.

YUNES, Eliana; BINGEMER, Maria Clara L. (Orgs.). *Murilo, Cecília e Drummond:* 100 anos com Deus na poesia brasileira. Rio de Janeiro: Pontifícia Universidade Católica; São Paulo: Loyola, 2004.

ZAGURY, Eliane. *Cecília Meireles*. Petrópolis: Vozes, 1973.

Índice de primeiros versos

A engrenagem trincou pobre e pequeno inseto. 138

A menina de preto ficou morando atrás do tempo, ... 51

A menina enferma tem no seu quarto formas inúmeras 129

A minha vida se resume, ... 114

A taça foi brilhante e rara, ... 66

A tua raça de aventura 80

A ventania misteriosa 126

Agora é como depois de um enterro. 65

Água densa do sonho, quem navega? 72

Ai! A manhã primorosa 93

Alma divina, ... 57

Andei pelo mundo no meio dos homens: 124

Aqui estou, junto à tempestade, ... 100

As ordens da madrugada 112

Basta-me um pequeno gesto, ... 134

Bem sei que, olhando pra minha cara, ... 135

Bem-te-vi que estás cantando 125

Cabecinha boa de menino triste, ... 45

Campo da minha saudade: 61

Cantar de beira de rio: 104

Choveu tanto sobre o teu peito	48
Cidadezinha perdida	102
Convém que o sonho tenha margens de nuvens rápidas	33
Deixa-te estar embalado no mar noturno	56
Deixei meus olhos sozinhos	52
Desde o tempo sem número em que as origens se elaboram,	90
Deusa dos olhos volúveis	54
Deviam ser Vênus	85
Digo-te que podes ficar de olhos fechados sobre o meu peito,	46
E aqui estou, cantando.	23
É mais fácil pousar o ouvido nas nuvens	38
Encostei-me a ti, sabendo bem que eras somente onda.	92
Entre mim e mim, há vastidões bastantes	79
És precária e veloz, Felicidade.	29
Estes meus tristes pensamentos	136
Estou cansada, tão cansada,	83
Estou vendo aquele caminho	24
Estrelinha de lata,	99
Eu canto porque o instante existe	20
Eu fui a de mãos ardentes	117
Eu não tinha este rosto de hoje,	26
Eu vim de infinitos caminhos,	116
Face do muro tão plana,	73
Fez tanto luar que eu pensei nos teus olhos antigos	67
Fino corpo, que passeias	132
Gosto da gota d'água que se equilibra	60
Há uma água clara que cai sobre pedras escuras	69
Hoje é tarde para os desejos,	140
Homem vulgar! Homem de coração mesquinho!	42

Imensas noites de inverno,	37
Linda é a mulher e o seu canto,	89
Máquina de ouro a rodar na sombra,	68
Meu sangue corre como um rio	94
Meus olhos eram mesmo água,	53
Minha esperança perdeu seu nome...	71
Minha vida bela,	81
Minhas palavras são a metade de um diálogo obscuro	74
Mutilados jardins e primaveras abolidas	39
Na canção que vai ficando	107
Não cantes, não cantes, porque vêm de longe os náufragos	86
Não tinha havido pássaro nem flores	111
Nestas pedras caiu, certa noite, uma lágrima.	70
Ninguém abra a sua porta	119
No desequilíbrio dos mares,	41
No fio da respiração,	47
Noite perdida,	27
Nós somos como o perfume	128
Num dia que não se adivinha,	31
Nunca eu tivera querido	36
Nuvem, caravela branca	88
O choro vem perto dos olhos.	50
O tempo gerou meu sonho na mesma roda de alfareiro	110
Ó tempos de incerta esperança	44
O vento voa,	101
Onde é que dói na minha vida,	62
Os mendigos maiores não dizem mais, nem fazem nada.	122
Passaram os reis coroados de ouro,	145
Passaram os ventos de agosto, levando tudo.	139

Pastora de nuvens, fui posta a serviço... 105

Permite que feche os meus olhos, ... 87

Pousa sobre esses espetáculos infatigáveis 19

Procurei-me nesta água da minha memória 95

Punhal de prata já eras, ... 58

Pus o meu sonho num navio 34

Quando o sol ia acabando 59

Quem falou de primavera 115

Quem me leva adormecida 127

Quem viu aquele que se inclinou sobre palavras trêmulas, ... 75

Rama das minhas árvores mais altas, ... 64

Repara na canção tardia 30

Súbito pássaro 142

Suspiro do vento, ... 109

Teu nome é quase indiferente 120

Toca essa música de seda, frouxa e trêmula, ... 22

Traze-me um pouco das sombras serenas.. 40

Tu és como o rosto das rosas: 77

Tua passagem se fez por distâncias antigas....................................... 35

Úmido gosto de terra, ... 21

Vais ficando longe de mim.. 144

Volto a cabeça para a montanha 78

Impressão e Acabamento:
EXPRESSÃO & ARTE
EDITORA E GRÁFICA
www.graficaexpressaoearte.com.br